JN105844

絶対にやってはいけない飲食店の法則25

Mitsuhiko Suda
須田光彦

フォレスト出版

はじめに——「成功する方法」の前に「失敗しない方法」を学びましょう

飲食店の1年以内の廃業率は34・5パーセント、さらに約70パーセントのお店が5年以内に廃業する。

経営者やお店の開業を準備している方たちの目の前には、このようなきびしい現実が横たわっています。

飲食店は比較的参入しやすいため競争が激しく、廃業率（閉店する確率）は極めて高いのです。また、最近では個人店や中小チェーンだけでなく、大手フランチャイズチェーンの閉店や事業縮小のニュースも次々と聞こえてきます。

私の現場感覚では、２０１９年の消費税増税後、飲食店を取り巻く状況はさらに悪化しており、1年以内の廃業率は50パーセントを上回っているのではないかと思われます。

こうした状況の中、経営者の方たちや、これから開店を考えている方たちはさぞかし心配なことでしょう。

でも、実は「繁盛するお店」「継続するお店」の作り方は意外と簡単なのです。

こんなことを言うと、「えっ、本当？　いったい、どうやるの？」という声が聞こえてきそうです。

その答えは簡単です。

要は「失敗しないようにすればいい」のです。

「当たり前じゃないか！」と言われそうですが、本当のことなので仕方ありません。

でも、ほとんどの方が「失敗しない方法」をご存じないのも事実です。

申し遅れました。私は須田光彦という者です。

飲食店コンサルタントとしてテレビ番組「有吉ゼミ」（日本テレビ系）の「芸能人の心配な店」というコーナーに出演していることから、私のことをご存じの方もいらっしゃるかもしれませんね。

飲食業界歴は40年を超えます。高校生の頃から飲食業界で働き、あらゆる業種・業態、そしてあらゆるポジションを経験したのち、20代後半でコンサルタント＆店舗設計者として独立しました。

これまでに年商２０００億円を超える大手外食チェーンから数千万円レベルの個人企業まで、約５００件の繁盛店を作ってきた実績があります。

とは言いながらも、私もこの40年の間には、設計事務所を開業したり中華料理店を経営したものの倒産・破産になってしまったり、はたまた離婚までも経験し、人生のどん底をくぐってきました。

そんな中で見えてきたのが、先ほど申し上げた「失敗しないようにすればいい」という成功法則です。

世の中には、成功した経営者が書いた成功するためのノウハウ（経営手法）やビジネスマインドなどを熱く語った本があふれています。

コンサルタントの方たちも「繁盛店にする方法」「地域一番店になる方法」などの情報をネットや書籍で発信したり、経営者の方にアドバイスをしています。

しかし、書籍やアドバイスからの情報を活用して実際に成功したお店は、いったいどれくらいあるでしょうか？　おそらくほとんどないのではないでしょうか。

飲食業は生業《なりわい》業です。

地域に根づくことが大事な商売で、毎日毎日、地域の人たちの期待に応えた商品を提供しなければならない地道なビジネスです。

地道なビジネスを続けるには、一気に点数を稼ぐ満塁ホームランはいりません。

コツコツとヒットを積み上げて、「気づいたら点が入っていた」でいいのです。

たとえば、メディアで注目されて行列のできる繁盛店になった(満塁ホームランを打った)ものの、確実に利益を生み出す仕組みを作れなかったために失敗してしまったお店はたくさんあります。


飲食業は地道なビジネスなので、多岐にわたるノウハウが必要です。

それがきちんとハマれば、ほぼ確実に失敗しません。

かと言って、あるお店が成功した1つのノウハウだけをマネしても、同じように成功できる保証はまったくありません。

成功には運の要素も大きく、成功しているお店が「成功した理由」はバラバラなのです。

つまり、再現性がありません。

反対に、「失敗した理由」はすべてのお店に共通しています。

これまで数万件のお店を見てきた結果、失敗には確実にパターンがあることに気づきました。

ということは、その失敗パターンを避けることで、自然と成功に近づいていきます。

今回は数々の失敗パターンの中から、「多くの人が誤解していること」「やってはいけないこと」を25個選びました。加えて、実際の事例に基づいた「成功の鉄則」もご紹介しています。

本書があなたのお役に立てれば幸いです。

contents 目次

第2章

〈料理とメニューの「やってはいけない」〉
「おいしい料理」ではなく「売れる商品」「儲かる商品」を作ろう

第3章

〈接客とスタッフ教育の「やってはいけない」〉お客さまとスタッフの両方にとって楽しいお店になっていますか?

第4章

〈集客の「やってはいけない」〉値下げや広告ではなく「高い価値」を提供すればお客さまは集まります

構成　松井克明
ブックデザイン　bookwall
本文図版＆ＤＴＰ制作　津久井直美
プロデュース／編集　貝瀬裕一（ＭＸエンジニアリング）

序章

多くのお店はなぜ「1年以内」に廃業してしまうのか？

あなたのお店の危険度がすぐにわかる3つの質問

自分にとっての「理想のお店」を作ってはいけません

私はこれまで数万店舗の飲食店の成功と失敗を見てきました。

その現場で目の当たりにしたのは、飲食店の失敗の数々です。

ある調査では、**1年未満での廃業率は34・5パーセント、5年以内での廃業率は70パーセントを超える**とされていますが、この数年はさらに悪化して、私の現場感覚では1年未満の廃業率は50パーセントくらいでしょうか。昨今では、大手の出店戦略が裏目にでて閉店するケースも多く、〝廃業こそしていないものの、実態としては閉店している〟お店はもっと多いと思われます。

きびしい数字ですが、失敗をしている経営者には共通点があります。

その共通点とは「自分が思い描いた業態は絶対に成功するはず」と、根拠のない思い込みをまったく疑うことなく、一直線に出店準備を進めてしまっていることです。

飲食店で働く方の多くが「ゆくゆくは一国一城の主」という夢を持っています。

みんな、一度は独立して、自らが思い描いている〝理想のお店〟を経営してみたいのです。

たとえば、よくあるのが、今働いているお店に対して、不満をたくさん抱えていて、「自分だったら、こうするのに」と、とにかく自分のお店をやりたくてしょうがないケース。

確かに、熱い気持ちは大事です。でも、ここで少し立ち止まって考えていただきたいのです。仮に自分の理想のお店や業態を形にしたとしても、そのお店は本当に売り上げをあげられるのでしょうか？　利益が出るのでしょうか？　何よりも、本当にお客さまに来ていただける（お客さまに支持していただける）のでしょうか？

残念なことに多くの場合、経営者の淡い期待は裏切られ、お店がお客さまに支持されることはありません。

34・5パーセントの方は1年以内に失敗します。もっとはっきりと申し上げますと、廃業せざるを得なくなります。

あなたが頭の中で思い描いている業態は、マーケットの裏づけのない自分の理想にすぎません。お客さまにとっての理想のお店ではないのですから、お客さまがやって来ることはありません。

「経営者の理想だけでお店を作る」ことは、完全なる「プロダクトアウト」の発想なのです。

プロダクトアウトとは、「作り手である自分たちが真剣に開発した業態は、お客さまに絶対に受け入れられる」と考えてしまう発想です。でも、実際にはお客さまはお店の作り手の事情にはまったく興味はありません。単に、自分たちが利用したくなるお店、自分たちが食べたいものが用意されているお店を利用するだけです。

それ以上でもそれ以下でもありません。たったそれだけです。

お客さまが求めているのはどんなお店ですか?

私からのアドバイスは1つ、カリスママーケターのダン・ケネディの名言「答えはお客さまに聞け」です。すべての答えは、お客さまが持っています。

お客さまが利用したくなるお店はどんなお店なのか? その答えをもとにした業態を開発して、ビジネスをスタートする「マーケットイン」の発想に頭をシフトしなくては、成功を手にすることはできません。

なぜ、ほとんどの方がプロダクトアウトの発想になってしまうのかといえば、「自分が好きなこと」や「自分が得意なこと」に心も考えも行動も縛られてしまっているからです。そのため、お客さまからの要望があったとしても、「自分ができないことはやらない」「不得意なことはやらない」「やりたくないことはやらない」のです。

つまり、「思い描いた業態」の裏に隠れているのは、今の自分ができることと、やった経験があること、得意なことを現実化した業態でお客さまの支持を獲得したいという、非常に身勝手で都合のよい心理です。

おまけに「自分が思い描いている業態」といいつつ、結局のところ、自分の技術力や経験値、具体的な可能性など、さまざまな制約条件に妥協して、当初のものとはまったく別のものになってしまっているケースが大半です。

ですから、お客さまに支持されてビジネスを成功させるには、冷静な目を持ってマーケットをリサーチしなくてはいけません。

そして、マーケット（お客さま）が何を求めているのかを見極めたうえで、マーケットの期待に応えるお店を開くべきなのです。

3つの質問ですぐにわかる！　失敗するお店の条件

私の経験上、次の3つの質問に対する答えで、そのお店が成功するのか、残念な結果に終わるのかが、すぐにわかります。

1　なぜ、その場所で、その業態を始めたのか？

2　なぜ、そのお店は、そのレイアウトになったのか？

3　なぜ、そのお店は、その内装デザインにしたのか？

あなたは、この3つの質問に答えられるでしょうか？

単純そうに見える質問ですが、非常に重要な問いを投げかけています。

この問いに正しく答えられない、そもそも問いの意図が理解できないのであれば、いったん出店計画を見直されることをおすすめします。

もう1度言います。あなたが失敗を回避する方法はただ1つです。いったん計画を見直し、白紙に戻すことです。この3つの質問に対する答えから、あなたが自分の理想だけではなく、お客さまやマーケットにきちんと向き合ってきたのかどうかがわかります。

それは、どういうことでしょうか？　順に説明していきましょう。

まずは、最初の質問「なぜ、その場所で、その業態を始めたのか？」です。

実は**「1年以内の廃業」の原因は、「そもそも出店する場所を間違えている」または「出店立地と自分がやりたい業態がまったく合っていない」という場合がほとんどです。**

その根本的な理由は、マーケットリサーチの不足と、リサーチ手法のミスです。

私がいつもやっているリサーチ方法を具体的に説明しましょう。

一般的なリサーチ方法では、その商圏の昼間人口、夜間人口、周辺人口という、客数をもとに出店立地を決めることがほとんどです。

「候補立地にはお客さまがこれだけいるから、そのうち何パーセントが来店するはず」という仮説をもとに、客数と想定利用者数を算出します。しかし、この論理でいくと、そもそも人口が減少しつつある現状では、問題が見えにくくなり、危険です。

数に頼るやり方はやめて、その代わりにお客さまのモチベーションを検証する手法を取り入れましょう。私は、この手法を「モチベーションマーケティング」と名づけています。

繁盛店のお客さまから、そのお店に対する不満を聞き出せ！

さっそく私がやっているモチベーションマーケティングの手法をご紹介しましょう。

まず、そのお店の出店候補地に行き、実際にその街にいる大まかな人数を把握します。昼（ランチ）の時間帯、夜（ディナー）の時間帯、平日、週末、月初、月末と、タイミングをずらして何度も現地に足を運びます。さらに、天気によってどう変わるかを確かめるために、晴れの日も雨の日も行くようにします。そうすることで、具体的なお客さまの出数と、どんな人たちが多いのか（客層）がイメージできます。

起業希望者の方が現地視察をやったとしても、あくまでも形だけの、ほぼ飲み会になってしまう残念なケースが大半です。皆さん、頭の中が夢でいっぱいになっていて、すぐにでも開店したくてしょうがないという心理状態です。夢ですっかり目がくらんでいるから、出店候補地に行って、通行量が多いことがわかると「必ず成功する！」と思い込んでしまうのです。しかし、残念ながら、このやり方ではほぼ確実に失敗します。

店舗視察の重要なポイントは次の通りです。

1　そのエリアで自分が気になるお店、よいと思うお店、自分がやろうとしている業態と近い業態のお店に行く
2　今、そのエリアでものすごく流行っているお店に行く
3　逆にまったく流行っていないお店に行く

一般的な店舗視察だと、「1　自分が気になるお店、よいと思うお店、自分がやろうとしている業態と近い業態のお店」、つまりベンチマークにしているお店にしか行きません。しかも、視察して「これくらいウチにもできるよね」とか「ここがこれだったらウチのほうが勝ってるよね！」などと、安心して帰ってくる場合がほとんどです。さらに残念なこと

に、流行っていないお店に行く方は見たことがありません。本来ならば、「流行っている理由」と「流行っていない理由」を対比調査することが望ましいのですが……。

「なぜ、その店が流行っているのか」「（流行っていないお店に行って）なぜ、この店はダメなのか」と、それぞれの理由を分析する必要があるのです。

流行っている理由と流行っていない理由の両方を調査することで「違い」を発見し、それを自分のお店に反映させるべきなのです。特に、流行っていないお店を調査しておかないと、そのお店と同じようなミスを犯してしまう確率が高まってしまいます。

流行っているお店に行って、商品、価格帯、提供時間、ポーション（商品量）という店側の仕かけを見て、「お客さまがどんな表情で何を食べているか」「どんなお酒をどれくらい飲んでいるか」「どのように楽しんでいるのか」という、お客さまのモチベーションや消費形態を調査します。

実際に、お客さまのテーブルの上には何が乗っているのか（何がよくオーダーされているのか）を記録しておきます。そうすることで、「このエリアのお客さまは、どんな料理、どんなお酒が好きで、どれくらいお金を使うのか。だとすれば、席数やテーブルの大きさはこれくらいは必要かな」と、現状を把握するのです。

その際には「他店舗チェックリスト」を持参して調査結果を、自分がお客さまになってみた感想とともにどんどん書き込んでいきます。26〜27ページに私が実際に使用している他店舗チェックリストの一部を掲載したので参考にしてみてください。

そして、自分たちがやりたい業態に対して、ハマっている率を出してみます。「8割くらいハマっているよね」とか「3割しかハマってないよね」などと分析したうえで、「これでいこうか」とか「やめようか、業態を変えようか」などの結論を出すのです。

調査のときに、絶対に確認しなければならないのは、流行っているお店のお客さまの心理に隠れているモチベーションです。そのお店は確かに流行っているのだけれど、「お客さまはここの部分についてはイラついているな」と観察したり、お客さま同士の「もっとこんなのがあったらいいいな」などという会話に耳を傾けます。そうすることで、潜在的に隠されている欲求が見えてきます。そのお客さま自身も気づいていない潜在的な欲求を、これから自分が出そうと考えているお店では、掘り起こして確実に満たします。

これがハマれば、お客さまの圧倒的な支持を獲得することができるでしょう。

私が繁盛店を調査するときは、隣の席のお客さまにさりげなくインタビューします。「どうしてこちらのお店にいらしたんですか？」と、質問します。

するとお客さまは「だって、ここのお店は、これがおいしくて、こうで……」と全部、教えてくれます。さらに、「こちらのお店に、こうなったら最高だな、これがあるともっといいな、こんな風に楽しめたらいいなという要望はありますか？」と質問します。すると同様に「これがあるとうれしいなあ」とか「こんな商品があれば頼むのになあ」などと、要望がいろいろ出てきます。

この調査結果をもとに、お客さまの潜在的な欲求を探り当てます。

これが、モチベーションマーケティングの最も重要な部分です。

このモチベーションマーケティングから、「この地域に必要な業態は何か」「お客さまに求められている商品とは何か」と開発を始めます。お客さまへのインタビューをもとに業態を再検証し、強固なコンセプトを軸にして業態を開発していくのです。

さらに、開店してからもお客さまに聞きます。

「どうしてウチの店にいらしてくれたのですか？」と。

その声をもとに、どんどん修正を重ねて、より強い業態に成長させていきます。

接客	テーブルセッティング	適切　/　不適切	
	料理の運び方	適切　/　不適切	
	テーブルへの並べ方	女性優先・上席優先・決まり無し	
	ドリンクの提供時間	適切　/　不適切　　　分	
	料理の提供時間	適切　/　不適切　　　分	
	複数注文への対応	順序・時間差	
	ホールへの注意力	適切　/　不適切	
	中間バッシング	有り・無し / 優秀・下手	
	中間バッシング時のおすすめ	有り・無し / 優秀・下手	
	追加注文への対応	適切　/　不適切	
	トイレ誘導	有り・無し / 優秀・下手	
雰囲気	店内BGM	有り・無し / 適正・不適正	
	トイレBGM	有り・無し / 適正・不適正	
	全体照度	適正・不適正	
	テーブルトップ照度	適正・不適正	
	演出照度	適正・不適正	
	トイレ照度	適正・不適正	
	演出香り	有り・無し / 適正・不適正	
	異臭（ホール）	有り・無し	
	異臭（厨房）	有り・無し	
	異臭（トイレ）	有り・無し	
	演出の工夫	有り・無し	
店舗情報	業態		
	予想ターゲット		
	実際ターゲット		
	店長のスタイル	オペレーション型・マネジメント型	
	店長のリーダーシップ	適正・不適正 / 優秀・下手	
	従業員のチームワーク	有り・無し / 適正・不適正	
	店長代行者の有無	有り・無し / 優秀・下手	
	ホール人員（店長含む）		
	厨房人員		
	社員数	ホール　　　人　/ 厨房　　　人	
	アルバイト数	ホール　　　人　/ 厨房　　　人	
	回転数	回転	
	満席率	%	
	従業員のモラル	高い・低い／適正・不適正	
	従業員の人間関係	良好 / 不良	
	アルバイトリーダー	有り・無し / 優秀・下手	
販促	販促策（オンライン）	Facebook・ｲﾝｽﾀｸﾞﾗﾑ・twitter・HP	
	販促策（オンライン）	食べﾛｸﾞ・ぐるなび・ﾎｯﾄﾍﾟｯﾊﾟｰ・海外サイト・その他	
	販促策（オフライン）	チラシ・DM・ハンドビル	
	販促策（リピート）	会員権・ボトルキープ・次回利用券	

店名	支店名　　　店	住所	
日付　年　月　日	：　～　：	天候	訪問回数　　回目
氏名：実施者	同行者　　/	/	
総評			

他店舗チェックリスト

	チェック対象	詳細	コメント
立地	立地特性	繁華街・オフィス街・住宅街・ロードサイド	
	最寄りの駅よりの距離		
	建物の形態	テナントビル・フリースタンディング	
	階数	階	
	導入経路	直接・階段・エレベーター	
	予想坪数		
	駐車場	台数・停めやすさ・視認性・清掃	
外装	ファサードの表情	デザイン性・業態表現	
	看板	視認性・形状・サイズ	
	サイン計画	A看板・スタンド・内照式・写真	
	サンプルケース	設置有・無し	
内装	フライヤー	暖簾・タペストリー	
	理念表示	壁面サイン・置き型サイン	
	その他ディスプレイ		
	総席数	席	
	テーブル数	2人　台・4人　台・6人　台・その他　台	
	テーブルサイズ	2人・4人・6人・カウンター席・その他	
	連結席	有り・無し	
	ゾーニング計画	有り・無し	
	椅子席	席	
	ソファー席	席	
	個室	席	
	小上がり	席	
	桟敷席	席	
	カップル席	席	
	厨房	オープン・クローズ	
	トイレ	男・女・併用/ブース　男大　小　・女	
	デザイン様式		
待ち	ウエイティングスペース	有り・無し/　名/立ち　人程度・着席　席	
	ウエルカムボード	手書き・アプリ・その他	
	ウエイティングの案内方法	呼びかけ・電話/優先度　有り・無し	
接客	席へのご案内の仕方	最高・普通・不快	
	お迎えの従業員の挨拶・態度	有り・無し/最高・普通・不快	
	他の従業員の態度	最高・普通・不快	
	笑顔度合い	最高・普通・無し・不快	
	会話	有り・無し/快・不快	
	言葉づかい	フレンドリー・節度・馴れ馴れしい・その他	
	待機の仕方	適切　/　不適切	
	セールススクリプト	有り・無し/優秀・下手	
	ドリンクオーダーのタイミング	適切　/　不適切	
	フードオーダーのタイミング	適切　/　不適切	
	オーダーの態度・言葉遣い・目線	適切　/　不適切	
	料理の認知度	適切　/　不適切	
	提供時の料理の説明の仕方	有り・無し/優秀・下手	
	厨房へのオーダーの通し方	適切　/　不適切	

なぜ、そのお店は、そのレイアウトになったのか？

次に、２つ目の質問、「なぜ、そのお店は、そのレイアウトになったのか？」です。店舗運営の効率は、どこに厨房を設置するか、どうテーブルを配置するかなど、平面計画の良し悪しに影響されます。

コンパクトな厨房、計算されたゾーニング計画、効率的なテーブルレイアウトなど、意図を持ってレイアウトすることで、「お客さまのモチベーションに応える」「チャンスロスを回避する」「人件費を軽減できる」ようになります。

厨房が広すぎると、調理の作業効率は悪くなります。

料理の提供に時間がかかり、想定以上にお客さまの滞在時間が長くなり、客席回転率が下がります。また、回転率を考えない席レイアウトは、チャンスロスを招き、お客さまのモチベーションをくじきます。そのうえ、人件費もよけいにかかります。

その結果、売り上げは伸びず、利益率は悪くなって経営状態は圧迫され、最後は閉店に追い込まれてしまいます。不動産屋さんで居抜き物件の情報を見ると、間違った平面計画によって廃業した物件の図面であふれています。

起業希望者が居抜き物件を見極めるノウハウを持っていることはほとんどありません。そのため、取得してはいけない物件をつかまされてしまい、赤字が続いて短期間でお店を手放すケースがたくさんあります。

つまり、**キッチンとホールのオペレーション効率がよいレイアウトになっているかどうかが、繁盛店作りのカギです。** これについては第1章で詳しく解説しています。

作り込みすぎないお店が繁盛する

3つ目の質問「なぜ、そのお店は、その内装デザインにしたのか？」です。

繁盛店にするためには、「お店を作り込みすぎない」という鉄則があります。

当初から自分の「理想のお店」を完璧に作ってしまったために、投資金額が大きく、また思い入れも大きいために見直しができないという事態は、絶対に避けたいところです。

このようなケースでは、作った本人が意固地になって「(投資額が大きいから) この店は絶対に成功する」などと一歩もひかないことがよくあります。

このような場合、開店して最初のうちはよくても、やがて営業不振におちいります。営業不振におちいった時期は、お店のコンセプトを見直したり、経営の勉強をする期間となります。このときの経験は、のちのち大きなリターンとなって返ってきます。

そのような苦しい経営状況の中では、**「自分たちが変化を恐れず改善に向けてチャレンジできるか」「いくつかの方法を試してそれをきちんと検証できるか」**といったことが重要になってきます。

店舗経営においては、「オープン当初は思うように利益確保ができない」ことを、想定しておく必要があります。オープン当初の苦しい状況を、いかに教訓に変えて修正できるかが、のちの繁盛につながっていくのです。

最初から店舗デザインを作り込みすぎたり、内装に投資しすぎたりすることは、損益分岐点を引き上げ、経営を圧迫する原因となります。当初の計画が失敗したときの対応策を想定して、資金計画を考慮しておくことが大切です。

もちろん、競争力を考慮して安全性も含めた、適正なデザインのレベルはクリアしましょう。

それと同時に**「デザインへの投資はこの額まで」「内装はここまでできていればいい」と明確に決めておくことが大事です。**

「投資にいくらかかるのか」という考え方ではなく、「ここまでの内装グレードをいくらまでの投資で作り込んでいくか」という質問を、自分に、そして施工業者に投げかけましょう。

もし開業後に不振だったとしも、その原因は業態なのか、扱う商材なのか、単価なのか、客層なのかなどをきちんと検証ができれば、業態を間違って出店してしまったとしても、調整・修正することで回復できます。その結果、繁盛店化することが可能です。

はっきり言いますが、私は「お店は、商売の、お金儲けの道具」と考えています。

お店は最小限の舞台装置でいいのです。利益を確保できればいいのです。

お店を「よい道具」として使い切るために、店舗の運営効率を徹底的に追求しましょう。

必要以上のあなたの意気込みは、まったくのムダであると思ってください。

このように3つの質問から、失敗する店は事前にわかります。

この本では私の経験から得た「飲食店が成功するためには、絶対にやってはいけないこと」を紹介したうえで、繁盛店にするためのさまざまな方法を紹介しています。

第1章では店舗設計、第2章では商品開発、第3章では接客とホールオペレーションについて、そして第4章では集客について解説します。

第1章

〈お店作りの「やってはいけない」〉

ひとめでわかるダメなお店、
このお店はいったい何屋さん？

法則 01

お客さまが入店しづらい「カッコいいお店」「寒色の外観」

⊘ 何を出すお店なのかがわかりにくい、あるいは「入店しづらい」外観にしてはいけません。

⊘「商品、価格、環境」の3拍子がそろった店がまえで、お客さまに「入ってみようかな」と思わせよう。

「カッコいいお店」がたくさんある理由

たとえば、次の2軒のお好み焼き屋さんがあったとします。いったい、どちらが人気店だと思いますか？

お店A

看板に「お好み焼き」と大きく書かれていて、軒先には瓶ビールのケースが2、3台積んであります。入り口の引き戸は半開きで、前を通りすぎるだけの人にもスタッフから「いらっしゃいませーっ！」と声がかかります。店内を見ると、カウンターの目の前で店員がお好み焼きをジュージューと焼いていて、ソースが焦げる香ばしいにおいが鼻腔をくすぐります。

お店B

外観は真っ黒。右上に小さくコテをモチーフにした看板と、小さな文字で書かれた店名だけが出ているものの、お好み焼きの「お」の字も出ていません。地下1階の店内への入り口は真っ黒なドア。看板に明かりがついているから営業していることはわかりますが、本当に営業しているのか不安な気持ちに……。

典型的な2つのケースですが、〈お店A〉は小腹が空いていたらついフラフラっと入ってしまいそうです。どんどんお好み焼きが焼き上がる雰囲気ですよね。

それに対して〈お店B〉は入っていいものやら……正直、ためらわれます。

もし、お客さまに入っていただきたいのであれば、当然〈お店A〉のようにするべきでしょう。でも、実際には〈お店B〉のような、お客さまの気持ちを無視したカッコをつけただけのお店がたくさんあります。そんなスタイルで流行っているお店はほとんどないのにもかかわらず。

　お店Bのような演出は、すでに大繁盛しているお店複数を経営しているオーナーが3店舗目くらいに趣味で出すようなお店で、上得意のお客さまのための会員制というような位置づけであればいいでしょう。しかし、そうでなければ、確実に失敗します。わけのわからない高そうな（お好み焼き屋らしき）お店に入ってみようという酔狂な人は、あまりいないでしょうから。

お店A（良い例）

お店B（悪い例）

それにもかかわらず、なぜ巷にこういう店がたくさんあるのでしょうか。それは「カッコいいお店を作りたい」というオーナー（経営者）の要望と、それを引き受けた店舗デザイナーがその要望のままにお店を作ってしまうからです。

デザイナーはオーナーの注文に応じて設計するのが仕事ですから、デザイナーが悪いわけではありません。問題は、「カッコいいお店、素敵なお店を作りたい」というオーナーの虚栄心です。

絶対に公開するべき「3つの情報」

「人は見た目ではない」といわれたり、「人は見た目が9割」などといわれますが、実際は「人は見た目が9割」なのです。ある研究結果では「人間は初対面の3秒で、相手の外見から8割以上の印象を無意識に受け取っている」といわれています。

お店も一緒です。**お客さまはファサード（店の外観、前面）をひとめ見ただけで、「あっ、ここは何屋だ」とわかって、「ここの餃子、おいしそう」とか「ここの焼肉、うまそう」と感じ、店内をちょっとのぞいたら「あっ、個室もあるんだ」と即座に理解する。**

その結果「なんかいい雰囲気のお店だね。入ってみようか」となる。これをわずか3秒程度で直観的に判断しているのです。

たとえば、あなたが友だち何人かで集まったあとに、「ちょっと飲もうか?」となったときのことを考えてみてください。街を歩きながら、「あの店はどうかな? いいんじゃないかな」と、立ち止まったときの「いいんじゃないかな」には(自分では気づかない無意識の)理由があります。

オープンな雰囲気で、「この感じだと、1人3000円くらいで飲めそうだな。今日のノリだったら、ちょうどいいんじゃないかな」などと、1人あたりの支払金額がイメージしやすいのは、お客さまにとってはありがたいことですよね。

このようにお客さまを「入ってみようか」という気持ちにさせなければいけないのが、ファサード(店の外観、前面)なのです。

ファサードに出さなくてはいけない情報は、「商品・価格・環境」の3つの要素です。

まずは「うちにはこんな商品(料理)があります」という情報と「その商品はいくらで提供しています」という価格帯。そして、店内はオープンな感じなのか個室がメインなのかなどの内装(環境)です。

この3つがわかれば、お客さまは「どうやって楽しめばいいのか」をイメージできて、安心して入店できます。ですから、この3つの情報は絶対に表に出さなければいけないのです。

ファサードを変えてよみがえった中華料理店

この3つの要素を変えただけで売り上げが大きくアップしたのが、私がかかわった都内の中華料理店です。

このお店はビルの2階にあるのですが、ビルの構造上、階段を使えず、エレベーターで2階へ上がるしかないという悪条件です。こうした悪条件下で、30年間にわたり細々と営業してきたのですが、お客さまも増えず、さすがにきびしい状態になっていました。

ファサードは、道路から見ると2階の白い壁面に白く光るロゴで「○○飯店」と出ているだけ。おまけに白地に白文字だからまったく目立ちません。そもそも「ここに飲食店がある」ことが外から見たときにわかりません。

そこでまず、「1階のエントランスホールに面しているファサードを変えましょう」と、正面玄関のサッシを木目に変えました。それまでは、オフィス仕様の銀色のサッシでした。次に、エントランスホールのガラスに中華柄のカッティングシートを貼って、その上部に木目の看板をボーンと配置しました。その看板にそれまでの白く光るロゴを載せたところ、店名の「○○飯店」が目立つようになりました。そして、ビルの入り口にはサンプルケースも置いたので、誰が見ても中華料理屋さんがあることが一発でわかるようになりました。

さらに目立たせてお店の内容を理解していただくため1階部分にお店の総合案内の看板を出して、お昼時にはランチ帯のメニューのポスターを出して、夕方以降はディナー帯のメニューのポスターを出しました。エレベーターに乗る前に、「こういう料理で飲めるんだ」というイメージづけをしたのです。

この中華料理店で私が外観の改装作業を始めたとたん、効果はテキメンに表れました。閉店後にサンプルケースの設置作業をしていると、通りすがりのサラリーマンが足を止めて、私に言いました。

「ここに中華料理のお店ができるんですか？　いつオープンですか？」

「すいません、もう30年も、ここで営業していて、今度リニューアルオープンするんです」と答えました。それまで近所の人たちに中華料理店があると認知されていなかったのです。

ダメな飲食店はファサードに寒色、寒い色を使いたがります。たとえば、ブルー系とか、シャープなグリーン系、グレー系です。これらは、食欲が下がってしまう食欲減退色なのです。ファサードが冷たい色だと、食欲がわきませんし、サンプルケースを置いてもおいしそうに見えません。

ファサードは、赤、黄、オレンジ色といった暖色系にするのが鉄則です。だから、照明の光もオレンジ色っぽい「電球色」でなければダメ。バリバリに明るい「昼光色」や「昼白色」ではいけません。

もし、今のあなたのお店がカッコよく、作りすぎているのであれば、ＰＯＰをいっぱい作りましょう。ポスター、ノボリ、タペストリーなどを駆使して「ウチのお店はこんなお店ですよ」と、３つの条件（商品、価格、環境）を写真と文字で表現するのです。

改装前

改装後

改装前　外観の改善例①

何となく入りにくい印象
とにかく暗く重いイメージ
暗くて雰囲気が悪い
商品の特性、方向性がわからない

改装後

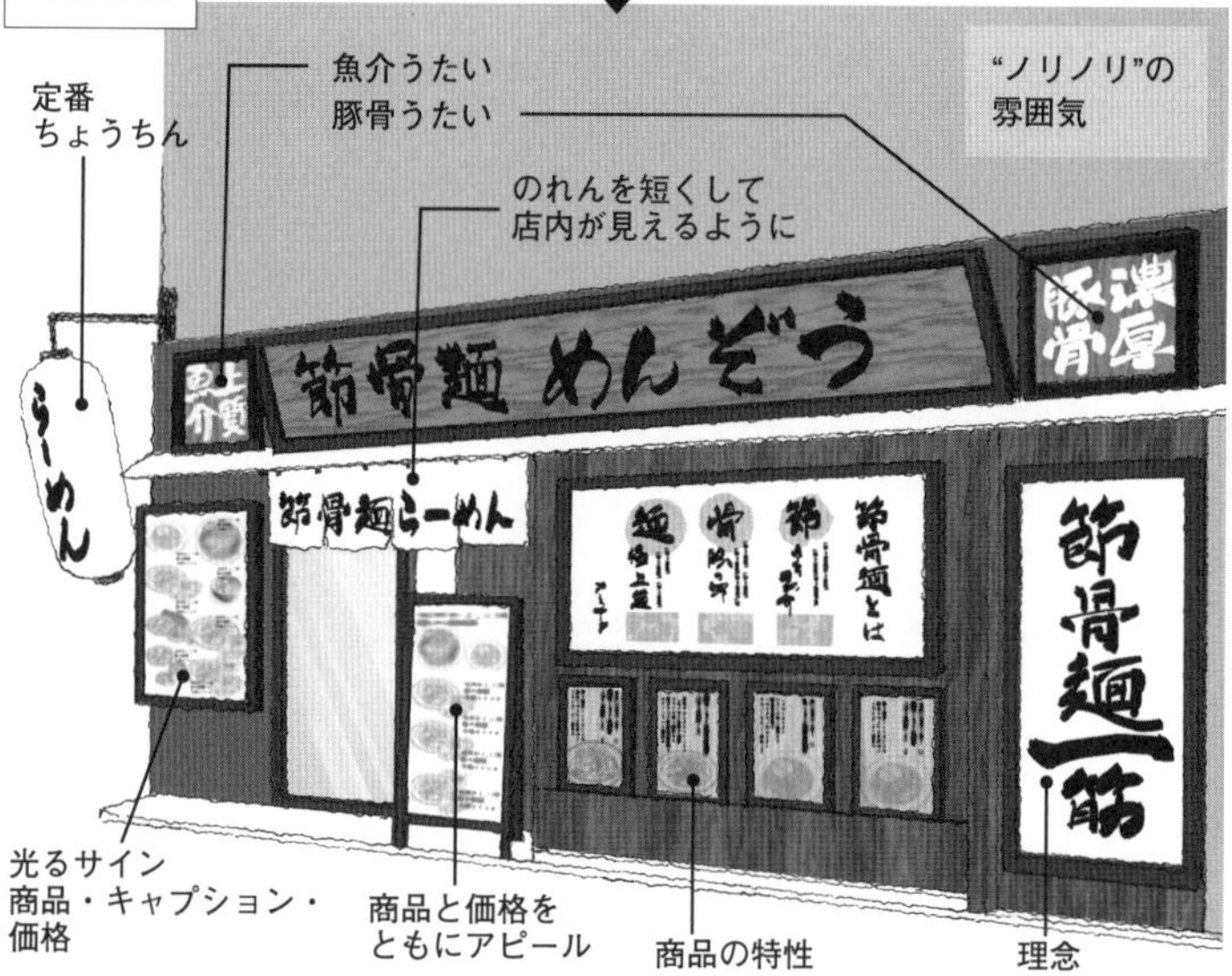
定番
ちょうちん
魚介うたい
豚骨うたい
“ノリノリ”の
雰囲気
のれんを短くして
店内が見えるように
節骨麺 めんぞう
濃厚
豚骨
上質
魚介
らーめん
節骨麺らーめん
節骨麺一筋
光るサイン
商品・キャプション・
価格
商品と価格を
ともにアピール
商品の特性
理念

改装前　外観の改善例②

ラーメンの種類がわからない
地色が黄色、文字が赤で安っぽい
ここに価格は必要ない
1つのサインに要素が多すぎる
写真がないのでアピールが弱い
ここのタペストリーが店内を見えなくしている
全体的に"ノリ"と清潔感がない

改装後

白地に黒文字とわかりやすい
何ラーメンが売りなのかが明確
目線の高さ位置にわかりやすい商品解説
白いのれんが清潔感を出している
目線に価格と商品
よく見える店内

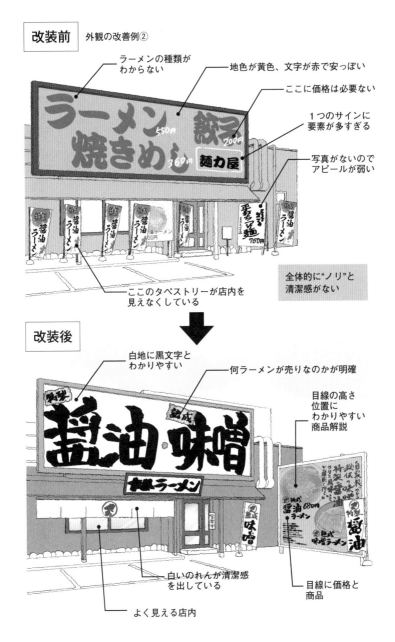

法則
02

「業態」と内装がミスマッチなお店は失敗する！

⊘ お客さまを「このお店はどうやって楽しめばいいの？」と迷わせてはいけません。
⊘ 業態を通して、お客さまにお店の楽しみ方を提案しましょう。

理想は「業態名イコールお店の名前」

業種と業態の違いをご存じでしょうか。
業種とは、一般的に何屋さんかということ。
業態とは、どのような何屋さんかということ。

たとえば、業種はお寿司屋さん、業態は回転寿司。
たとえば、業種は中華料理屋さん、業態は麺飯専門店。

たとえば、業種は焼鳥屋さん、業態は串焼き専門店。

この違いを知らないと、業態を開発するときに業種の開発だけに終始してしまい、具体的な業態を開発できずにオープンすることになってしまいます。

そもそも、「業種名イコールお店」はとても強い。たとえば、寿司で寿司屋、蕎麦《そば》で蕎麦屋、焼肉で焼肉屋といったケースですが、「焼肉」といわれただけで、もう頭の中が焼肉のイメージに支配されてしまいますよね。

それに対して、「創作和食の店です」と言われても「どんな料理を出すお店なの？」と思いますし、「こだわりのイタリアン」とうたっているくせに入り口にはカリフォルニア・ワインが置かれている……、こんなお店はまったくピンときませんよね。

そう考えると、本来「業態名イコールお店」が理想的なお店なのです。

しかし、これから開業する場合、それでは「くくり」が大きすぎます。**今の時代は「お客さまがお店でどうすごすのか、どう楽しむのか」を提案しなくてはいけません。これが業態名です。**

たとえば、次の2軒の焼肉屋さんがあったとします。いったい、どちらが人気店だと思いますか。

お店C

焼肉が安い焼肉居酒屋。お客さまは輸入牛の肉をつつきながら、生ビール、ハイボール、サワーなどをたくさん飲みます。

お店D

焼肉ファミリーレストラン。食べ放題やファミリーセットの注文が中心。牛肉だけでなく、豚肉や鶏肉も用意しています。

先に答えを言ってしまうと、どちらも人気店です。この2店は、単に業態が違うだけです。焼肉屋はすでに細分化されていて、お客さまにお店の楽しみ方を提案するのが簡単です。客単価が高い順に、焼肉専門店、焼肉バル、焼肉居酒屋、焼肉ファミリーレストランと分類されます。

焼肉専門店は高級焼肉専門店の「叙々苑」に代表されるように、個室対応がメイン。ホールもゆったりしていて、ほかのお客さまの視線から隠れる作りとなっています。テーブルも広め、イスの背も高くて、高級感にあふれています。客単価は1万円程度で、出店エリアは客層に合わせて、東京でいうと西麻布や銀座といった街です。

焼肉バルはセンスのいい店内で、希少部位をつまみにお酒を飲むスタイル。デートなどに利用されます。肉は希少部位なので、1皿1～2切れで提供されます。量にして50グラム程度ですが、おいしいのでお客さまは不満を感じません。コースは4000円程度からと一見安いのですが、ドリンクを多めに飲むように設計されているので、会計してみたら1人8000円くらいになることもざらです。

焼肉居酒屋は、肉の値段が安い文字通り「居酒屋」。輸入牛の肉をつつきながら、生ビール、ハイボール、サワーなどをたくさん飲むお店（先ほどの〈お店C〉のようなお店）で、代表格が「牛角」です。繁華街に出店します。

焼肉ファミリーレストランは、食べ放題やファミリーセットの注文が中心です。牛肉も、豚肉も、鶏肉もある（先ほどの〈お店D〉のようなお店）。「子どもたちに、たくさん食べさせたいけれど、牛肉ばかり食べられたら、家計への負担が重い！　だから鶏肉や豚肉も組み合わせたい」――そんな要望に応えるのがこの業態です。たとえば、「安楽亭」「焼肉キング」「あみやき亭」などがそうです。

ポジショニングマップで業態を明確にする

業態をより明確に理解するために、焼肉の業態をマッピングして（ポジショニングマップを作って）みましょう（50〜51ページ）。**飲食店のポジショニングマップでは、縦軸は価格帯や客単価、横軸は内装や環境に設定します。**

たとえば、ファミリーや友人など親しい間柄で来店して「いつも家で食べているより、ちょっとだけぜいたくをしたい」といったコンセプトのお店であれば、あまりお金をかけないオペレーションの効率を重視した内装にします。

一方、デートや接待といった特別な用途に使う、少人数だけれども単価が高いというお店であれば、それに見合った高級感のある内装にします。

そう考えると、安楽亭はどこに位置するでしょうか？

ファミリー向けですから、内装はそれほどお金をかけていませんし、客単価もそれほど高くありません。ということは、業態マッピングをすると右下になります。

これと対称的な業態（左上にくる）が叙々苑です。内装にお金をかけていますし、高級な肉を扱っているので客単価も高い。

そして、真ん中は焼肉居酒屋の牛角です。肉の質はそこそこよくて、和牛カルビをはじめ大衆受けしそうな定番の焼肉を並べて、お酒もすすむというスタイルです。客単価は3000円から5000円の間で楽しめます。

店側が「どのように楽しんでほしいか（業態）」を設定して、それを内装やファサードなどを通じてお客さまに伝えていくのです。また、内装にお金をかければ初期費用と減価償却費がかかりますから、求められる年商が高くなり、最終的には必要な客単価がハネ上がります。

最近ではポジショニングマップのうち、「低客単価」で「低投資で効率重視な内装」と「より高客単価」で「ハイグレードな高級感ある内装」の業態の2つが注目されています。「低客単価」で「低投資で効率重視な内装」の業態は「1人焼肉」の「焼肉ライク」。「より高客単価」で「ハイグレードな高級感ある内装」の業態は「トラジ」などがこれにあたるでしょうか。

次のページに焼肉業態のポジショニングマップを掲載したので、参照してください。

このポジショニングマップは、どの業態でも活用できるものですので、あなたの計画中の業態を、このポジショニングマップに落し込んでみてはいかがでしょうか。狙うべき業態ポジションが理解できます。

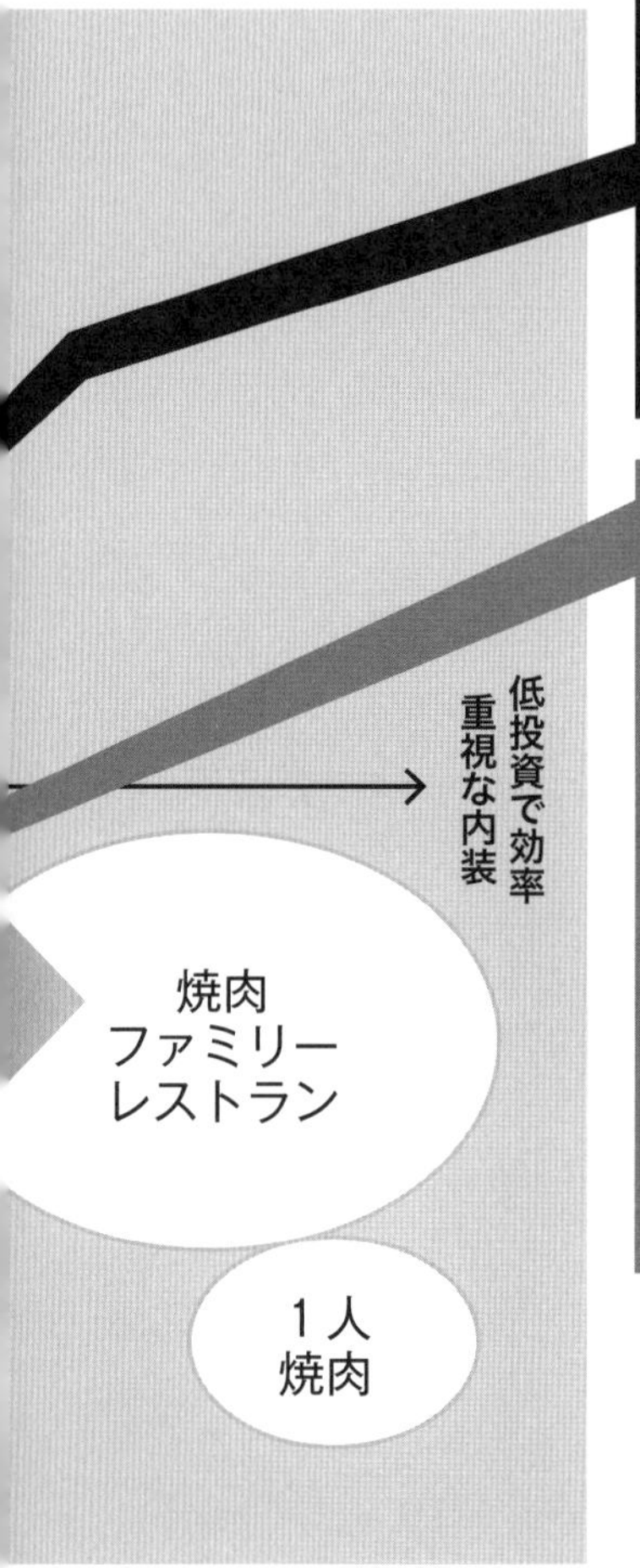

焼肉居酒屋

わかりやすい味の焼肉とお酒がバンバン売れる、付加価値の提供と適正客単価が狙えるこのあたりのゾーンが本来牛角が最も得意なゾーンであった

出店戦略の変更から焼肉ファミリーレストランゾーンへ行こうとしたが、牛角のブランドイメージを維持するために内装のグレードを下げられず過剰投資となり損益分岐点を引き上げてしまい、このエリアの基準を上回った。

また、チェーン店の特性上、メニュー構成を変更することができなかったので、酒類販売が思った以上に振るわず、このゾーンの消費形態とマッチしなかったために苦戦を強いられ撤退が相次いだ

焼肉業態のポジショニングマップ

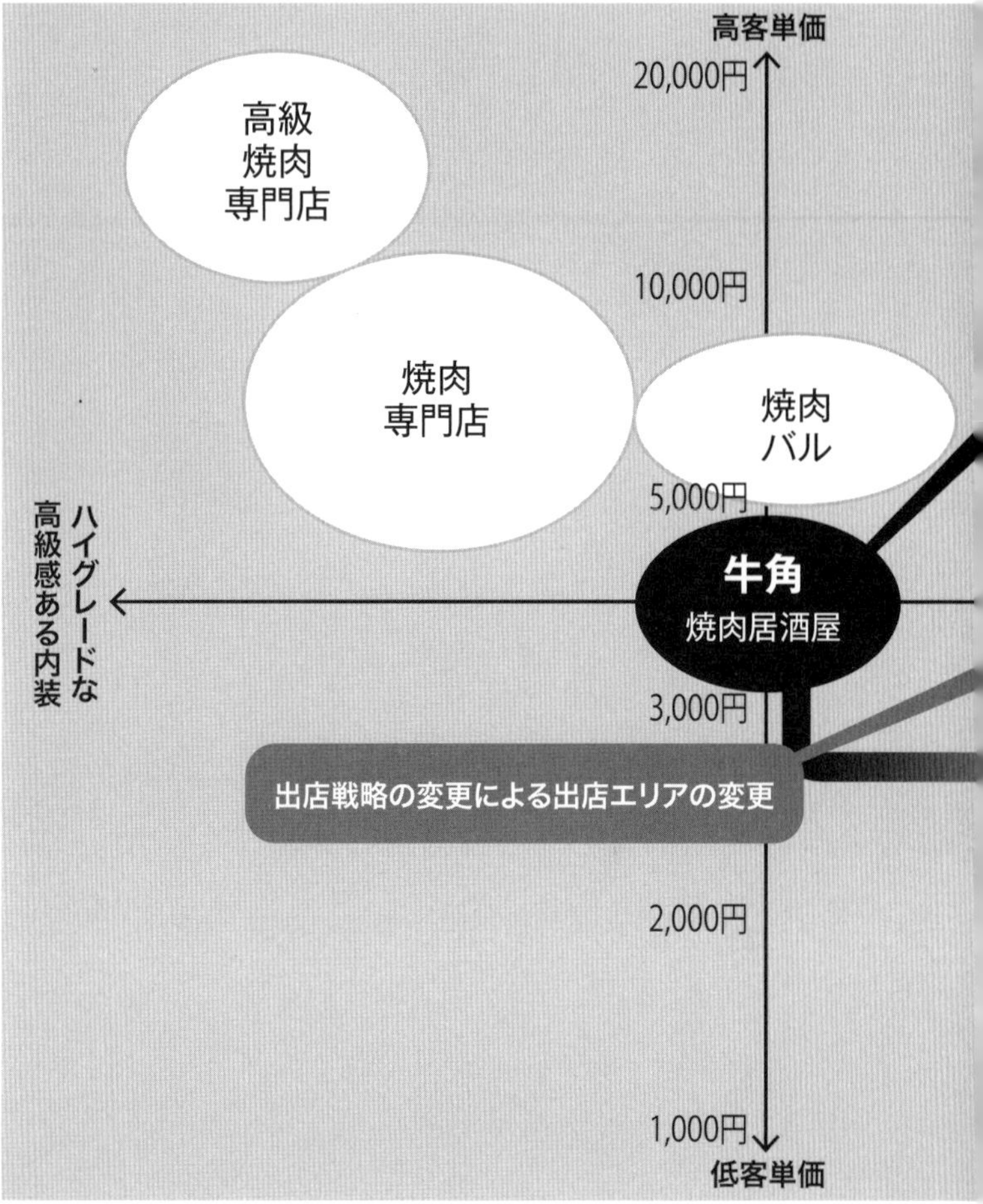

牛角が一時期、地方都市での苦戦と撤退が報道され、先行きが不安視されたことがありますが、その理由は、このポジショニングを間違えたからです。

牛角は焼肉居酒屋です。居酒屋は、基本的にお酒を売って利益を出さなければいけない業態です。しかし、地方への出店を展開したときに、地方（特に郊外）はクルマ社会だから来店されたお客さまがほとんどお酒を飲まないという現実に直面しました。利益率の高いお酒ではなく、肉ばかりが消費されてしまう。牛角のようなぎゅっと詰まった空間のお店のスタイルで、原価率の高い肉の消費だけが増えてしまうと、利益率が圧迫され、経営の面から非常に困るのです。

もし地方に出店するのであれば、業態を焼肉ファミリーレストランに転換する必要があります。「牛角」のブランドイメージやメニュー構成をファミリーレストラン用に変えて、ファミリー向けの商品を多く増やさなければいけません。

しかし、地方のフランチャイズ店のオーナーたちは「牛角」のブランドイメージがほしかったのです。内装のグレードも都会の「牛角」のスタイルのまま地元で出店することを求めました。これでは出店費用はかさむのに、お酒による売り上げが期待できず、「焼肉居酒屋」という業態の強みを活かせません。

46ページで紹介した2つのお店のケースでいうと、牛角は〈お店C〉にあたります。〈お店C〉は都会で成功するスタイルで、〈お店D〉は地方（郊外）で成功するケースです。牛角は都会での成功パターンをそのまま地方で展開してしまい、手痛い目にあいました。

ここで言いたいのは、出店する際は、その地域のお客さまのライフスタイルや好みに合わせて、業態マッピングをして細分化し、お客さまが利用しやすい業態にするということです。これが成功の鉄則です。

かつて私がコンサルタントとしてかかわった焼鳥屋さんでも同様のケースがありました。そのお店は当初焼鳥居酒屋として地方のロードサイドで営業していたのですが、どうも経営状態がかんばしくない。

そこで私は、ファミリー層をターゲットにしたレストラン風の内装に変更して個室風の客席を多めにすることを提案しました。そして、ファミリーでいらっしゃるお客さまに焼鳥をおいしく食べていただくという業態に変えたのです。そうしたら、売り上げが30パーセントアップしました。

法則03

「安いから」と居抜きの物件を選ぶと、あとで必ず後悔します〈居抜きのワナ　その1〉

⊘なぜ前のお店は失敗したか？　よく考えてみましょう。

⊘つい見落としがちなファサードの制約やエレベーター数に注意。

居抜き物件を選んだ時点でメンタル的に「負けている」

飲食店で働く人の夢は「一国一城の主」になることです。

しかし、自らが思い描いている理想のお店・業態を目指しながらも、実際には物件選びで妥協してしまいがちです。人気エリアの好立地ほどテナント料が高い。このために、初期投資を抑えるために「居抜き」物件に飛びつきがちです。

「居抜き」とは、お店の内装やレイアウトを前のお店の状態をそのまま引き継ぐということです。初期投資が抑えられますし、家賃も相場より安くなる場合もありメリットがあります。

居抜きの物件の場合、不動産屋さんに話を聞いてみると、居抜きの、居抜きの、居抜きなどということがよくあります。つまり、「あなたで4人目です（＝これまで3人が失敗しました）」というのです。

確実に言えるのは「居抜きは失敗しやすい」ということです。

なぜか？　1つ目の理由は「初期投資と家賃が安い」からです。

家賃（固定費）を抑えられるということは一見よさそうではありますが、実は経営者の深層心理に潜む「弱気」の表れだったりします。つまり、「お店があまり流行らなかったとしても、初期投資もそれほどかからなかったし、家賃も安いからなんとかなるだろう」とか「仮に失敗しても傷が浅くて済むだろう」という気持ちです。

これから自分のお店を開いて「儲けよう」「勝ってやろう」としているはずの人間が、最初から負けることを想定して、「家賃が安いから」という理由だけで負ける可能性の高い店舗を借りるという根性はいただけません。こういう人は、自ら成功のチャンスをせばめ、自分の価値を下げています。

皆さんは、アントニオ猪木の「闘魂注入ビンタ」という有名な気合い入れをご存じですよね。浪人生などがイベント会場で闘魂注入ビンタをされるシーンはすぐに思い浮かぶと思います。この気合い入れは、あるタイトルマッチのときにアナウンサーが猪木にある質問をしたことがきっかけで生まれました。

アナウンサーが「猪木さん、これからタイトルマッチを戦いますけれど、負けたらどうしますか？」という質問をしたときに、猪木がその人を〝バチン！〟と叩いたのです。

そして「これから、試合に勝ちにいこうというときに、負けることを考えるやつがいるか！」と怒ったのが始まりです。

実は「家賃が安い」を優先して物件を探すというのは、これとまったく同じ話で「これから成功しようと思って開店するのに、負けることを考えるやつがいるか！」なのです。「安いからなんとかなるだろう」なんて気持ちで物件を選んでしまっては、「安物買いの銭失い」になってしまいます。

居抜き物件は、そもそも集客しにくい立地だったり、ファサードを作るにあたっていろいろな制限があったり、あるいは、レイアウトが制限されていて必要な席数が用意できないなど、失敗につながるなんらかの理由があります。だから、誰が出店してもうまくいかないのです。

多くの人がなるべく安い物件を探そうとします。しかし、本当に成功したいのであれば、高い家賃で「繁盛する可能性」を買うと考えてください。お客さまを集めやすい1等地が高くて、2等地が安いのは当たり前です。

1等地を買ったほうが成功の可能性は格段に上がりますが、どうしても資金がきびしいようであれば、次善の策として1・5等地を狙います。もし2等地に出店して繁盛させようというのであれば、血のにじむようなものすごい努力が必要になります。その覚悟がないのであれば、出店しないほうがいいでしょう。

見落としがちな物件の落とし穴

出店を実際に検討する段階になってわかることの1つに、ビルによっては看板が出せないとか、看板に対する規制（大きさ、色など）が多いということがあります。

看板に対する規制は、初めて出店する方にはイメージしづらいかもしれません。基本的にはファサードの重要なパーツである看板は制約が一切ないというのが理想ですが、実際には制約があるケースのほうが多いです。

そんなときは、「もし、ここに看板をこのように出せるのであれば、借りたいと思います。そのときの売り上げの想定がこれです。だから、もし出せないのであれば、売り上げは落ちるので家賃をここまで下げてください」などと値引き交渉をしてもいいでしょう。

次に、意外と気づきにくいのがエレベーターです。

たとえば、オーナーが建設費をケチったり、建設会社が作業効率を優先したせいで、9階建てのペンシルビルなのにエレベーターが1基しかないなどというケースです。

こんなビルは、お客さまの来店やお帰りが集中する時間帯にはエレベーター待ちによる大渋滞が発生してしまいます。来店されるときはまだしも、お帰りのときはかなり困ったことになります。

たとえば、9階建ての3〜7階のお店では、満員のエレベーターが目の前を通過するだけになってしまってなかなか乗ることができないでしょう。いつまでも帰れないエレベーター難民のお客さまが発生してしまいます。

実際に、銀座などではこんなビルの居抜き物件がけっこうあります。いい立地にあるのに、上層階がガラガラというテナントビルの多くはこのようなエレベーターの問題を抱えていますね。

法則
04

厨房が広すぎるお店、中央にあるお店は儲かりません〈居抜きのワナ　その2〉

⊘「厨房が広い」＝「フロアが狭い」＝「客席が少ない」＝「売り上げがとれない」と知りましょう。
⊘厨房はコンパクトにしたほうが、調理の作業効率は高くなるし、疲れにくくなります。
⊘調理風景が見えない閉鎖型の厨房は臨場感が伝わらず、魅力が半減します。

なぜ「厨房が広すぎる」お店が作られてしまうのか？

居抜き物件の続きです。

立地が悪いのはさておき、ほとんどの物件がレイアウトに問題があります。特に多いのが「厨房が広すぎる、位置が悪い」といったケースです。

たとえば、総面積30坪のうちの厨房が15坪を占めているとか、店の中央に厨房があるというケースです。特に、中央に広い厨房のあるお店は最悪です。そもそも厨房内の料理人はお客さまの様子を常に見ている必要があるので、厨房はフロア全体が一望できるような位置になければいけません。それが中央にあると、絶えず周囲を見回していなければいけないので、料理人は本当に疲れてしまいます。

厨房が大きすぎるというケースは主に次の2つの理由が考えられます。

まず、独立前に働いていたお店に対する不満が山のようにあったというケース。たとえば、「ピークの頂点のときにオペレーションが回らなかった」とか「皿を置くスペースが狭くて苦労した」など、イヤな思い出や大変だったときに感じた恐怖心を抱えています。

だから、キッチン出身者にとっての「理想の職場」を作ろうとします。

確かに、「ピークの頂点のときにオペレーションが回らない」のは料理人にとって恐怖です。とはいえ、そんな状況におちいるのは、1日の営業時間のうちのせいぜい45分くらいでしょう。その45分は、キッチンオペレーション、ホールオペレーションを工夫してしのぐことを考えればいいのです。

問題は、その45分だけのために席数を少なくしてしまうことです。「席数が少ない＝お客さまが少ない」ですから、売り上げを出そうと思ったら、高単価の商品を出すか、回転率を上げるかしかなくなります。

もう1つの理由は、「厨房に関する知識がまったくないオーナーが料理人や設計者に言われるがままに機材をどんどん入れてしまい、結果的に広くなってしまった」ケースです。

いったん厨房を作ってしまったら、位置を変えることは不可能です。電気の配線、ガスと水道の配管が決まっているし、さらに下のフロアに水が漏れないように防水層が設置されています。もし、防水層の位置を変えるとなると、お店全体を作り直すことになります。そのため居抜き物件で、**好立地なのに家賃が安くても、「厨房が必要以上に大きい」お店は借りてはいけないのです。**売り上げが確保できないうえ、席数を増やすこともできないのですから。

狭いキッチンを工夫して使うことが儲けのカギ

さて、居抜き物件からは話がそれますが、厨房の広さは重要な問題なので、もう少し掘り下げてみましょう。

私が新規のお店を設計するときは、フロアの広さを優先する（必要な席数を確保することから始める）のはもちろんですが、厨房に入れる機材をなるべく小さくするとか、通路の幅を狭くすることで、できるだけコンパクトな厨房にできないかを考えます。

私が「通路を狭くする」と言うと、料理人から「通路は90センチはなければダメです。両手で鍋を持って通ることがありますから」などと反論されることがあります。そんなときは次のように質問で返します。

「それは、どういうシチュエーションですか？」
「90センチでないと困るということが1日に何回起こるのですか？」
「なぜ、65センチ、70センチではダメなのですか？　体の向きを変えればいいじゃないですか」

一番大事なことは、設計の段階で徹底的に作業効率を追求することです。

つまり、トヨタの「カイゼン」に習って徹底的に作業分析をするのです（今や「KAIZEN」と英語にもなっています）。トヨタの現場の人たちが具体的に何をしたかというと、たとえば「ネジ1個を取りに行くのに5歩、歩いた。それを3歩でできるようにすれば、2歩ぶんの時間と体力が節約できる」といったことです。結果、年間の利益が億単位で上がりました。

これは飲食店にも当てはまります。

たとえば、中華料理店の厨房の場合、初めに食材をカットしたら、ガスコンロまで移動して中華鍋で食材を炒めて、皿を手前に置いて、炒め終わった料理を皿に盛りつける——基本的にはこの動作の繰り返しです。

そう考えると、**食材も食器もコンロもレンジも、自分の手の届く範囲内（約2メートル）**

結果、料理人の疲労はかなり軽減されますし、料理の提供スピードも速まるでしょう。また、作業負担が減るので、離職率も下がるでしょう。私が厨房を設計する場合は、できるだけコンパクトなスペースで作業できるように考えます。

にあれば、わざわざ移動する必要がなくなります。

先ほどもお話しした通路はできるだけ狭くする、そして盛りつけスペースもできるだけ小さくするのです。そうすると、再び料理人から「盛りつけのスペースは広くなければダメです」という声があがります。

そこで、「スペースを広くして皿を何枚乗せるつもりなんですか？　たくさん皿を並べても、それをいっぺんに使うわけじゃありませんよね（そんなに速く料理を提供できるのか）」と聞きます。もちろん、狭すぎるのは論外ですが、そのキッチンの最大供給量をカバーできれば問題ないはずです。

たとえば、パスタ屋さんのパスタボイラーにテボ（麺をゆでるカゴ）が6個あったとします。ここで考えてみてください。いっぺんに6人前を皿に盛って提供できるでしょうか？　仮に、オーダーがトマトソース2皿、クリームソース2皿、和風2皿だったとします。この6品の調理を同時に進めると、ゆで上がりがアルデンテではなくなってしまいます。

ですから、こういう場合はパスタボイラーにテボが6個あっても、実質的には、一度に4品を提供すると考えるのです。パスタのゆで時間は6~7分です。最初の2品をフライパンであおっている間に次の2品の麺をパスタボイラーに入れるようにして、実質3分間隔で2品ずつ麺がゆで上がる、つまり3分ごとに料理を提供できるシステムにします。

すると、盛りつけのスペースには最初に提供する2皿、次のセットのぶんまでを考えても4皿を並べられれば十分です。そして、仮にパスタボイラーをフル稼働させたとしても、6皿を乗せられればよく、それ以上の広さは必要ありません。また、スペースをもっと小さくしたいのであれば、お皿を小さくする手段もあります。

厨房をコンパクトにすれば、そのぶんフロアの面積は広くなり、席数を増やすことができ、売り上げを確保しやすくなります。 また、お皿を小さくすることでも盛りつけスペースとフロアのテーブルを小さくできるので席数を増やせます。

たとえば、1坪当たり客数が2・1人だったのを1坪2・2人にすると、それだけ繁盛する確率が上がります。厨房の広さはお店の売り上げを左右する重要なポイントです。安易に厨房を広くしてはいけません。もしあなたのお店が「厨房の広さを変えられる」というのであれば、見直さない手はありません。

繁盛店にするためにはオープンキッチンにして、調理風景を見せる

今の繁盛要素の1つにオープンキッチンがあります。繁盛店はほぼ間違いなくオープンキッチンになっており、厨房での調理風景を見せてライブ感を演出しています。一方で、居抜き物件として出回っているもののほとんどが閉鎖型の厨房になっており、せっかくのくりの商品を提供していたとしてもお客さまに魅力が伝わる率が半減してしまいます。厨房は入店したとたんに目に入り、ライブ感を演出することができる、そんな位置に設計する必要があります。

これから始まる食事の期待感を大きく盛り上げるのです。食材を冷蔵ケースに入れて見せるタイプの収納にするなど、五感を刺激する仕組みを導入すると一層効果的です。

厨房が奥にある場合でも、すべての客席から厨房を見られる位置にするなど、常にお客さまにライブ感を感じていただき、厨房からもお客さまの反応と状況が把握できるような考慮が必要です。

法則 05

お客さまがゆったりくつろげるお店にすると、あなたがゆったりくつろげません

⊘「ゆったりくつろげる」は「席数が少ない」＝「客数が少ない」＝「稼げない」ということです。

⊘ 1坪当たりの客数は2人以上と設定して、まずは売り上げ目標に必要な席数を確保しましょう。

「ゆったりくつろげる」お店がうまくいかない理由

「店内はお客さまがゆったりとくつろげるようにしたい」「ここらへんじゃ、ゆったりできる店にしないとダメだよ」——特に地方の郊外店のオーナーさんはそうおっしゃいます。

確かに地方の郊外であれば、家賃や地価は安いので、ライバルが少なければそれなりに稼げるでしょう。回転率に神経質になる必要はないかもしれません。しかし、街中のお店の場合は、家賃は高いし、ライバルも多いのでお客さまを集めたり、回転率を上げるのはとても

大変です。

ところが、私のところに出店のご相談にいらっしゃるオーナーさんの中には、街中で開業するにもかかわらず「お客さまがゆったりくつろげるお店にしたい」とおっしゃる方が時おりいらっしゃいます。

「お客さまがゆったりくつろげる」ということは、「席数が少ない＝客数が稼げない」わけですから、売り上げをあげるためには、客単価か回転率を高くする必要があります。どうやって客単価か回転率を高くするかの答えが見つけられないのであれば、お店を開いてはいけません。

本書をお読みの方なら、すでにご存じかもしれませんが、飲食店に限らず店舗経営には、次のような売り上げの公式があります。

売り上げ＝客数×客単価×営業日数

いかに、「客数」が重要かは、この式を見れば一目瞭然です。繰り返しますが「ゆったり」ということは席数が少ない、席数が少なければ客数が伸びない、すると「必要な売り上げをあげられない」ということになります。先ほど、「厨房の大きな店は失敗する」と言ったのと同じ理屈です。

さて、「お客さまがゆったりくつろげるお店を作りたい」というオーナーさんに理由を聞くと、「地方都市でお客さま同士みんな顔見知りだから、なるべく顔を合わせないようにしてあげたい」とか「テーブルを大きくしないと、乗せられる料理（皿）の品数が限られてしまうから」などという答えが返ってきます。

これらの問題は、別にフロア全体をゆったりさせなくても、席のレイアウトや商品構成、皿のサイズなどを調整すればいいだけの話です。

必要な売り上げに応じて席数を決める

そもそもお客さまは「ゆったりくつろぎたい」と思っているのでしょうか？

私は、日本人は「四畳半でコタツ」みたいな狭い空間のほうが落ち着く民族だと思っています。たとえば、電車だって、端の席から埋まっていくではありませんか。日本人は、壁際、端っこ、狭い空間が好きなのです。

私が知っている繁盛店でゆったりしている店は1軒もありません。浜焼き系、もつ焼き系、炭火焼肉など業種・業態はいろいろですが、どこの店もみんなざっくばらんな雰囲気で、店内の空間はギュッと詰まっています。どこのお店も通路の幅は50～60センチくらいで店員が飲み物や料理を運ぶときに、お客さまの背中に当たりそうなくらいです。でも、そういうお店にサラリーマンが集まって大繁盛しています。

実は、店内がゆったりしていると「楽しさ」が出てこないのです。

「ゆったりくつろげる空間」を売りにできるのは、客単価3万～5万円かそれ以上のレベルのお店です。やり方次第では、客単価2万円のお店でもできないことはありませんが、あまりおすすめはしません。

業態によって坪当たり席数の基準は異なりますが、考え方は共通しています。

提供できる商品の物理的な量、お客さまの滞在時間（提供時間と消費時間の合計）を考慮したうえで、「1坪当たりお客さまを○人入れないと目標の売り上げがとれない。だから席数は最低でもこれだけ必要になる」という考え方に沿ってお店を設計していくのです。

私の経験をもとにお話しさせていただくと、たとえば「客単価3000～4000円、都内の30坪」というお店であれば60席は必要です。つまり、1坪当たり2人です。ただし、売り上げを計算するときは、「60席」で計算してはいけません。なぜなら、すべての席が埋まるということは、貸し切りなど特別な日以外、あり得ないからです。

そこで「満席率」(※)で考えます。この60席の満席率を65パーセントとして計算すると実質40人(席)です。40席が1日1・5回転するとして、客単価が3000円であれば1日の売り上げは18万円で月商は540万円、客単価が4000円であれば1日の売り上げは24万円で月商は720万円となります。

※満席率……総席数のうち実際にお客さまが座っている席数の割合。座席占有率のこと。日本の場合、飲食店にやって来るグループ客の平均人数(平均組人数)はだいたい2・7人なので、一般的な満席率の想定は70パーセントにします(4人席に2・7人が座ると計算)。満席率は高級店になればなるほど65パーセント、60パーセントと下げていくのが普通です。84ページで詳しく解説しています。

適正な家賃を知るための基本的な考え方

月商540万円、または月商720万円のお店では、家賃はどれくらい使えて、どれくらいの広さを確保できるでしょうか。

家賃の適正な比率は、一般的に月商の6~10パーセントです(全国平均は6パーセント、都市部は10パーセント)。カフェなどの低コストな業態であれば15パーセントでも成立することがありますが、それ以外では12パーセントが限界といわれています。そのため、物件を決める段階で、家賃の10倍の月商をあげられる立地・業態かを慎重に見極める必要があります。

仮に家賃の坪単価を2万円に設定すると、30坪であれば60万円、40坪で80万円になります。30坪／60万円という物件の場合、月商540万円で家賃比率は11パーセント、月商720万で家賃比率は8・3パーセントです。もちろん、後者のほうが経営状態は良好になります。

また、40坪／80万円という物件では、月商540万円で家賃比率は14・8パーセント、月商720万円で家賃比率は11パーセントです。月商540万円では成立しないので、客単価を4000円に上げて月商720万円にする必要があります。

客単価を上げるならば、それに見合う価値（料理、接客）をお客さまに提供して納得していただく必要があります。もし、それができないのであれば、坪数を小さくして固定費を低く抑えた（30坪／60万円）ほうが経営は安定します。

つまり、**「お客さまがゆったりくつろげる」お店は広いぶん家賃が高くなるのに席数が少ない、そして、家賃を回収するためには客単価を上げる必要があり、その客単価に見合った価値の高い商品提供と接客オペレーションが求められるのです。**その自信があるのであればとめませんが、個人的にはできる限り、席数はなるべく多く確保されることをおすすめします。

ちなみに、これまでに私がかかわったお店の中で、1坪当たり客数の最多は3人です。フロア面積9坪に27席を配置した和食バーでした。月商が600万円もあって、経常利益率が35パーセントという、ものすごく経営効率のよいお店でした。そもそも物件を決める段階で提示された賃料を基準にして、その賃料の10倍の売り上げをあげられるかを慎重に検討する必要があります。しかし、初めて出店する方はこの大事なポイントを理解していませんし、できません。売り上げの公式（席数×満席率×回転率×客単価×営業日数＝月商）を用いてその坪数であれば、何席必要か客単価の適正値を検討する必要があります。この数式はエクセルを用いると簡単に割り出せる数式です。

その公式をもとに実際のレイアウトを起こします。飲食業で最も多い客単価が5000円未満の業態であれば、繁盛店になるためには坪当たり席数は絶対に2人程度は必要になります。

飲食業で成功できるかどうかは店舗レイアウトでほぼ決まってしまいます。客席と厨房の面積比、席数と席効率、厨房の位置とトイレの位置などを確認するだけで、ほぼ間違いなく月商を予想できます。やってはいけないことは理論なくお店のレイアウトを決めることです。

法則
06

６人用テーブルをたくさん置くほど、お客さまを取り逃がします

⊘ メインで設置するテーブルの席数は「４」または「２」を基準に設計しましょう。
⊘ 壁際のソファー席と４人用／２人用テーブルを組み合わせることでどんな人数にも対応できます。

６人用テーブルを多用すると空席が多くなる

これまで「席数は多いほど経営効率はよくなる」とお話ししてきました。

しかし、いくら席数が多くても、大きなサイズのテーブル（６人用以上）を多用していると意味がありません。

たとえば、６人用テーブルに２名のお客さまが座ったら、そのテーブルは埋まってしまい、残りの４席は使えなくなってしまいます。よく見かけるのが、６人用テーブルを多用してい

るお店で「テーブルはすべて埋まっている（満卓状態）のに、空席が目立つ」というパターンです。せっかく空席があるのに、新規のお客さまをご案内できないわけですから、最悪です。

ただし、相席が許される場合であれば話は別です。

たとえば、ランチタイムに800円の定食を食べるというシチュエーションであれば、相席は問題ないでしょう。しかし、客単価が2万〜3万円のディナーとなると、そうはいきませんよね。お客さまに「ご相席、よろしいでしょうか？」などと聞こうものなら「ふざけるな！」となってしまうでしょう。

70ページでも言いましたが、飲食店に訪れるグループ客の平均組人数は2・7人といわれています。私もお店を設計するときはこの数字を基準にしています。要するに、1テーブルに3人ということですから、テーブルは4人用が基準になります。4人用テーブルを3人で使っていただくということです。

そう考えると、6人用テーブルは大きすぎて席がムダになります。

そのため、**6人用テーブルは4人用と2人用を組み合わせるなどして、その都度テーブルを移動して組み合わせるのが鉄則です。**

席効率は飲食店の成功を左右する大きなポイントです。ホール出身の方は肌感覚としてほぼ理解しておりますが、厨房出身の方は今ひとつ理解度が低い場合がありますので注意が必要です。横並びのソファー席を多用することで、テーブルを移動するだけで2名客も6名客も対応ができるようになります。私がよく使うレイアウトは繁盛法則があります。

テーブルの配置は以下の通りです。2人用テーブルを2台つけて4人用テーブルの席を作り、その隣に2人用テーブルを置き、その隣にまた4人用テーブルを置きます。

席数で表現すると、4名席・2名席・4名席となりますが、このレイアウトだとセンターの2人用テーブルを左右どちらに移動させても瞬時に6名席を作れます。仮に4名のお客さま1組と2名のお客さま3組でも対応ができます。ここまで考えて対応できるレイアウトにすることが席効率を圧倒的に向上させます。ですから、お客さまの組人数の設定がもちろん大事ですが、その設定をもとにシミュレーションを行い、徹底してチャンスロスを回避することが成功を引き寄せます。

壁際にソファー席をたくさん作っておこう

最も望ましいのが、壁側がソファー席になっていて、その前にテーブルを置く、そして通路側はイスという状態です。先ほどもお話ししましたが、日本人は壁際が好きなので、壁を背にしたソファー席をたくさん作っておくのです。

ソファー席はイスとは違って、お客さまの人数が増えても、詰めて座っていただくことができます。たとえば、ソファー席に詰めて座っていただいて、6人用テーブルを7～8人でご利用いただくこともできます。

ソファー席とテーブル（2人用、4人用）を組み合わせることで、何名のお客さまに対しても、席を素早く用意できます。また、ムダな空席が出にくいため、経営効率も上がります。

最後にもう1つだけ、大きなテーブルのデメリットを紹介しておきましょう。

そもそもテーブルにはおいしそうに見えるように、ほどよいサイズの皿にほどよい分量の料理が乗っている必要があります。もし、テーブルが大きかったらそれに見合う大きなお皿が必要になるのですが、そうすると分量や盛りつけ（料理の見栄え）でひと苦労です。

もし、あなたのお店が大きなテーブルを多用しているようでしたら、なるべく早めに見直されることをおすすめします。

法則07

「お好きな席にどうぞ」はお客さまとお店の両方にデメリットがある！

⊘ 回転率と組単価を考えた「ゾーニング」ができていますか？
⊘ きちんとゾーニングをすると作業効率と売り上げが上がります。

厨房からの距離を基準に「お客さまのエリア」を分ける

皆さんもお店に行ったときに、次のような体験をしたことがあると思います。


「お客さま、何名さまですか？」

「4人です」

「お好きな席にどうぞ」

そう言われて、店内を見渡したところ、4人用のボックス席はすべて1人客や2人客で埋まっている。一方カウンターや2人席はガラガラ。そこで「席が空くまで待とうか」となる――こんなお店は廃業に向かってまっしぐらに突き進んでいます。

なぜなら、「ゾーニング」という発想がないからです。

ゾーニングとは、「どのエリアにどのタイプのお客さまに着席していただくか」を明確にすることです。お店側は商品の提供にかかる時間を考えて、通常は、厨房から近いところに「回転の速い少人数のお客さま」、離れたところに「回転のゆっくりな団体のお客さま」などとゾーニングします。

客単価から見れば、厨房から近い回転の速いお客さまのエリアは客単価が低いエリア、それに対して遠いエリアは組単価（グループ全体の客単価）が高いエリアになります。

中華料理店の場合で考えてみましょう。そのお店の地域にある中華料理店は1人客が一番多くて、ついで2人客、ファミリーという順です。

まず厨房に近い場所には、カウンターに10数席を作り、ラーメンやチャーハンを「はい、お待たせしました」とカウンター越しに提供します。このエリアでは、とにかく回転数を上げることを目指しましょう。

次に近いエリア、カウンターのすぐ後ろは2人客用のエリアです。なぜ、カウンターのすぐ後ろかというと、「客数が少ない＝料理の量が少ない」ので、滞在時間が短く、回転数がそれなりに速くなります。

このエリアでは、客単価よりも組単価を期待します。

カウンターの1人客の客単価は1000円ちょっとまでが限界です。多めにオーダーするお客さまでも、せいぜいラーメン、餃子、ビールを頼んで計1500円といったところです。2人客も、同じようなオーダーで組単価で2500〜3000円程度でしょう。

店の奥の4人用テーブルやボックス席は、お子さま連れのお客さまのためのファミリー席です。このエリアのお客さまは、食べ終わるまでに時間はかかりますが、組単価を稼げます。ゆっくり滞在されるので、厨房から一番遠くても大丈夫です。

ゾーニングが明確になるとホールスタッフが迷わなくなる

こうしたゾーニングは、居酒屋でも一緒です。厨房から一番近いエリアにカウンター席を設け、その後ろに2名席、4名席と設置します。4名席以降はある程度、多めの人数のお客さまに入っていただいて高めの組単価を狙うエリア。そして、厨房から最も離れた座敷には宴会客を入れて10万~15万円のまとまった売り上げを狙うという考え方です。「このゾーンは客単価・組単価がいくらのエリアだ」ということを明確にします。

このように設定することで、ホールスタッフのオペレーションが明確になります。お客さまをどうアテンドすればいいかがすぐにわかるのです。「1名さま、こちらにどうぞ」「5名さま、一番奥へどうぞ」と迷う必要がありません。

お客さまも、店内を見渡して「あっちの席がいいんだけど」ということがなくなります。

厨房付近は客数、回転率を稼ぐ、真ん中の席は組単価を意識する。そして奥は最も売り上げの大きい宴会席。すべて厨房からの距離を基準に決めます。この考え方をもとに席の配置を変えただけで、売り上げが1・5倍増加したケースがあります。

次ページ以降にレイアウトの良し悪しの図を掲載したのでご参考にしてください。

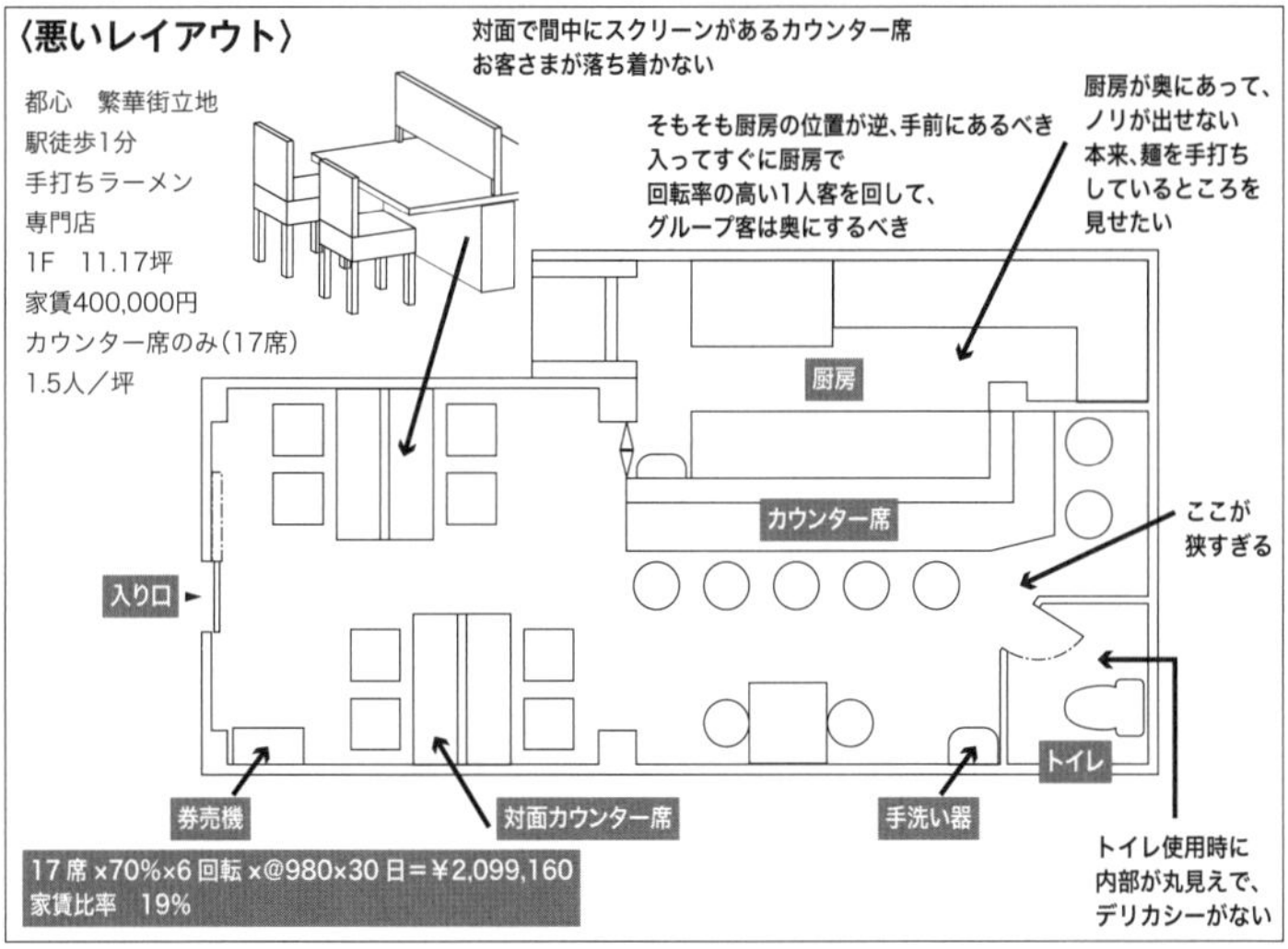
〈悪いレイアウト〉
都心　繁華街立地
駅徒歩1分
手打ちラーメン
専門店
1F　11.17坪
家賃400,000円
カウンター席のみ（17席）
1.5人／坪
対面で間中にスクリーンがあるカウンター席
お客さまが落ち着かない
そもそも厨房の位置が逆、手前にあるべき
入ってすぐに厨房で
回転率の高い1人客を回して、
グループ客は奥にするべき
厨房が奥にあって、
ノリが出せない
本来、麺を手打ち
しているところを
見せたい
厨房
カウンター席
ここが
狭すぎる
入り口
トイレ
券売機
対面カウンター席
手洗い器
トイレ使用時に
内部が丸見えで、
デリカシーがない
17席×70%×6回転×@980×30日＝¥2,099,160
家賃比率　19%

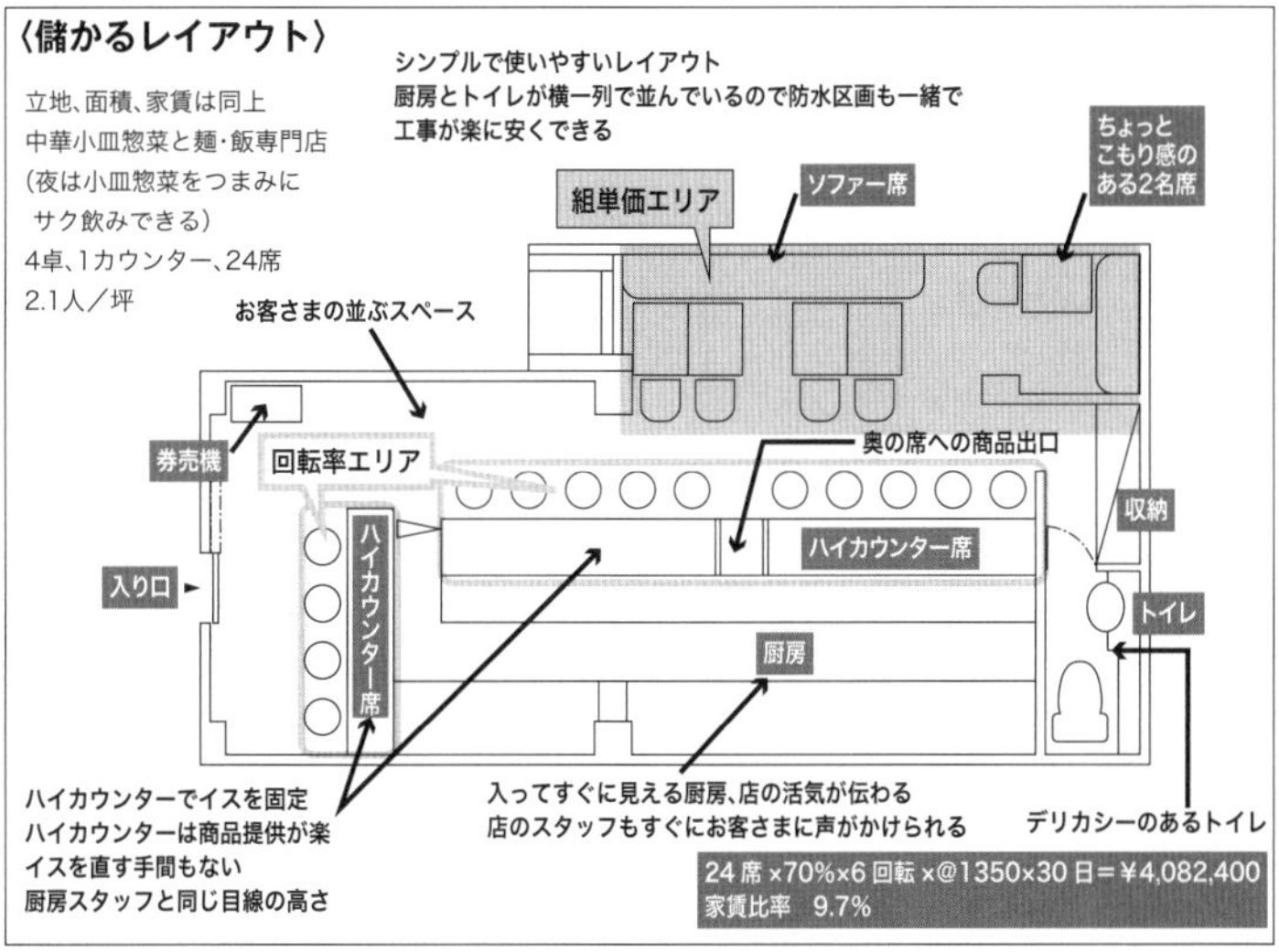
〈儲かるレイアウト〉
立地、面積、家賃は同上
中華小皿惣菜と麺・飯専門店
（夜は小皿惣菜をつまみに
サク飲みできる）
4卓、1カウンター、24席
2.1人／坪
シンプルで使いやすいレイアウト
厨房とトイレが横一列で並んでいるので防水区画も一緒で
工事が楽に安くできる
ちょっと
こもり感の
ある2名席
組単価エリア
ソファー席
お客さまの並ぶスペース
券売機
回転率エリア
奥の席への商品出口
収納
ハイカウンター席
入り口
ハイカウンター席
トイレ
厨房
ハイカウンターでイスを固定
ハイカウンターは商品提供が楽
イスを直す手間もない
厨房スタッフと同じ目線の高さ
入ってすぐに見える厨房、店の活気が伝わる
店のスタッフもすぐにお客さまに声がかけられる
デリカシーのあるトイレ
24席×70%×6回転×@1350×30日＝¥4,082,400
家賃比率　9.7%

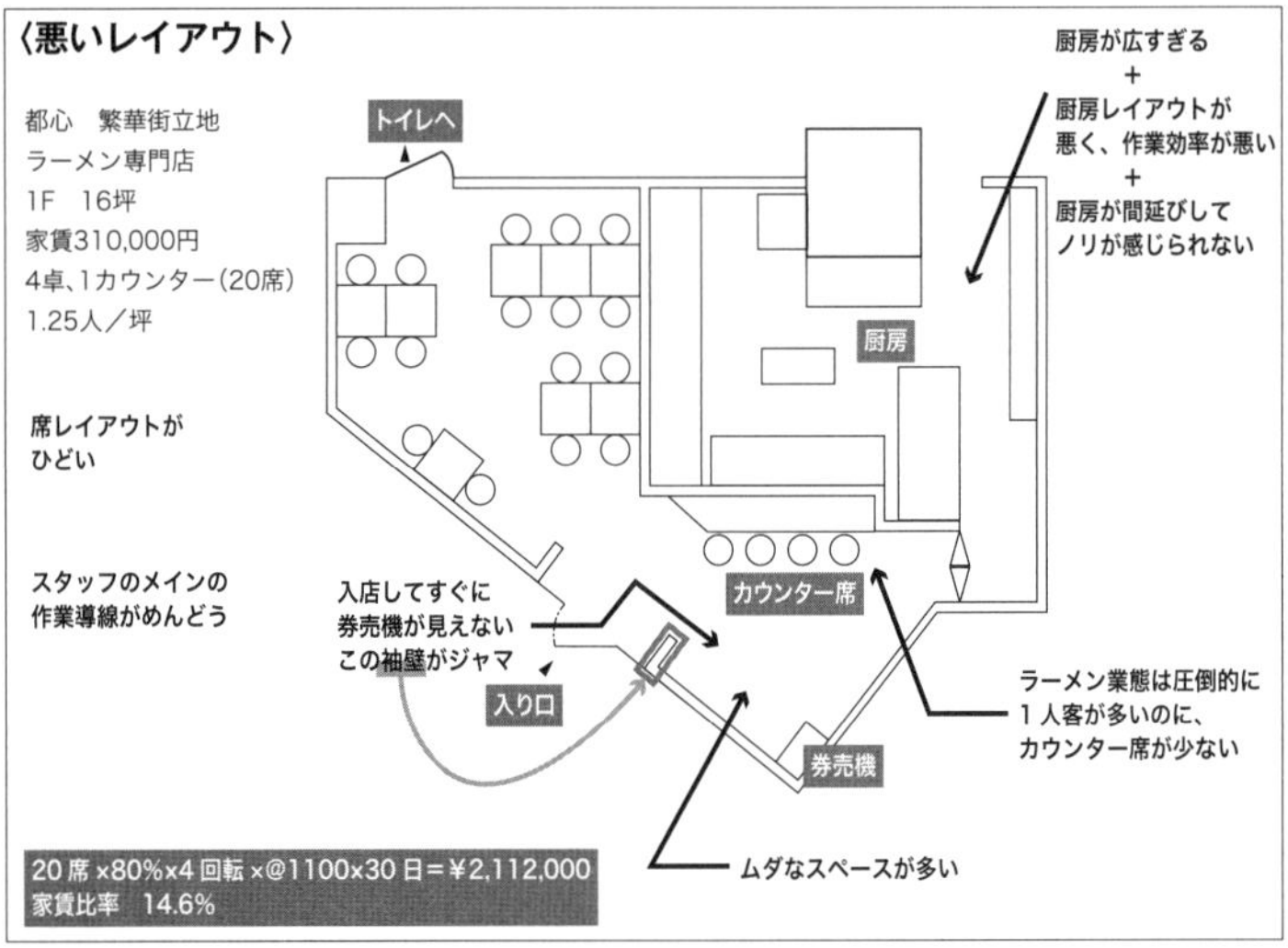
〈悪いレイアウト〉
都心　繁華街立地
ラーメン専門店
1F　16坪
家賃310,000円
4卓、1カウンター（20席）
1.25人／坪
席レイアウトが
ひどい
スタッフのメインの
作業導線がめんどう
トイレへ
厨房が広すぎる
＋
厨房レイアウトが
悪く、作業効率が悪い
＋
厨房が間延びして
ノリが感じられない
厨房
カウンター席
入店してすぐに
券売機が見えない
この袖壁がジャマ
入り口
券売機
ラーメン業態は圧倒的に
1人客が多いのに、
カウンター席が少ない
ムダなスペースが多い
20席×80%×4回転×@1100×30日＝¥2,112,000
家賃比率　14.6%

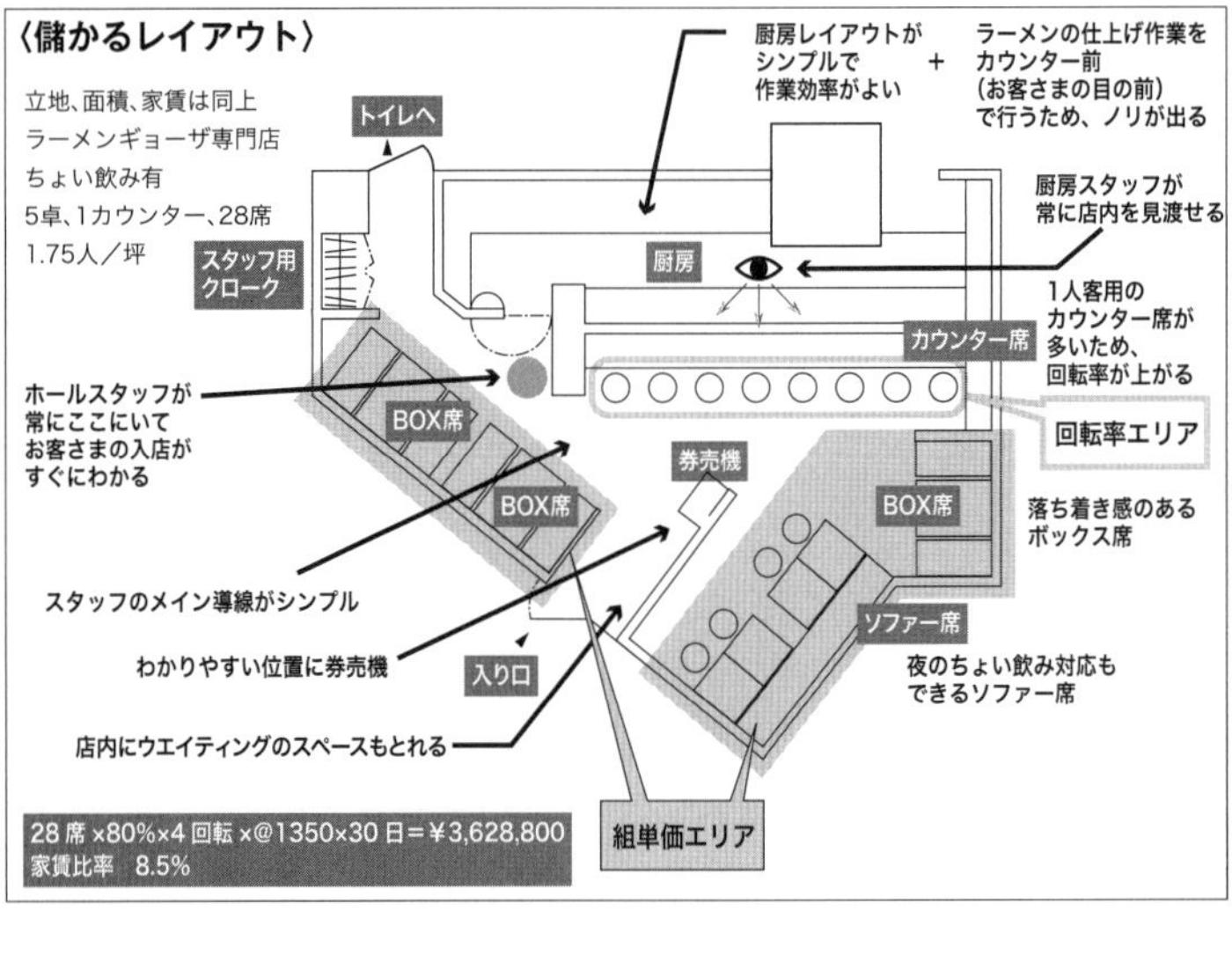
〈儲かるレイアウト〉
立地、面積、家賃は同上
ラーメンギョーザ専門店
ちょい飲み有
5卓、1カウンター、28席
1.75人／坪
トイレへ
厨房レイアウトが
シンプルで
作業効率がよい
＋
ラーメンの仕上げ作業を
カウンター前
（お客さまの目の前）
で行うため、ノリが出る
厨房スタッフが
常に店内を見渡せる
スタッフ用
クローク
厨房
1人客用の
カウンター席が
多いため、
回転率が上がる
カウンター席
回転率エリア
ホールスタッフが
常にここにいて
お客さまの入店が
すぐにわかる
BOX席
BOX席
券売機
BOX席
落ち着き感のある
ボックス席
スタッフのメイン導線がシンプル
ソファー席
わかりやすい位置に券売機
入り口
夜のちょい飲み対応も
できるソファー席
店内にウエイティングのスペースもとれる
組単価エリア
28席×80%×4回転×@1350×30日＝¥3,628,800
家賃比率　8.5%

成功の鉄則
01

超実践的な「売り上げの公式」と「勝てる事業計画」の立て方

売り上げを考えるときは「客数＝席数×満席率×回転率」からスタートする

飲食店の「売り上げの公式」のより具体的な計算について解説します。

67ページで、一般的な式として「売り上げ＝客数×客単価×営業日数」を紹介しましたが、この式は実際には使い物になりません。私たちは、お店の売り上げを算出するときには、もっと現実に即した次の式を使います。

売り上げ＝実際の客数（席数×満席率×回転率）×客単価×営業日数

「客数」は「満席率（総席数に対して実際にお客さまが座っている席数の割合、「座席占有率」ともいいます。70ページ参照）」をもとに分析する必要があります。

一般的な式だと、客数は、すべてのテーブルが埋まり（満卓）、すべての客席が埋まった状態（満席）が前提になっています。つまり、店内のすべての客席が利用されている状態です。

しかし、実際にはそんなことはあり得ません。これまで何度も言っていますが、グループ客の平均組人数は２・７人です。

たとえば、４人用テーブルがあったとします。２人客が座っても、３人客が座ってもそのテーブルは埋まります。つまり、満卓ということです。

しかし、満席率を見ると、２人客の場合は50パーセント、３人客の場合は75パーセントです。もし、４人席に１人客を座らせてしまったら、満席率は25パーセントになってしまいます。

ただし、ごくまれに満席率が１００パーセントを超えることもあります。それは立食パーティーで貸し切りになったときです。たとえば、40席しかないお店にパーティー参加者が70人入ったというような場合です。

満席率は、業態によって設定値が異なり、50~70パーセントと幅があります。

一般的な居酒屋だったら、70パーセントに設定します。高級なお店になればなるほど、満席率の設定を65パーセント、60パーセントと下げていきます。客単価が高く、２人客がデートで使うようなお店で４人用のテーブルにゆったりと座っていただくことを想定した場合、満席率は55パーセントとか50パーセントに設定することもあります。

一方で、たとえばドトールコーヒーをはじめとする低価格のコーヒーチェーン店などは満席率がなるべく高くなるように設定します。満席率を上げるために小さなテーブルの1人席やカウンターが多くなるように店内レイアウトを決めます。

では、満席率は具体的にどのように使うのかを見ていきましょう。

❶満席率を設定する

開業前には仮に設定した数字で計算してみて、開業後に実際の数字と照らし合わせます。**自分のお店の満席率を知るためには、今までの客数と席数を調べればおおよその数字がわかります。月間でお客さまは何人いらしているかを卓数で割るのです。**

すると一組当たり2・2人とか2・4人など、平均人数がわかります。今の全国平均は一組当たり平均2・4〜2・7人と、3人を割り込んでいます。ですから、どこのお店も満席率はだいたい70パーセントくらいでしょう。

まず何よりも、数字のおおもとである席数を事前に用意できていないと、必要な売り上げをあげることさえできません。席数をきちんとそろえたうえで満席率を一定に保つように運営することで必要な売り上げを確保でき、さらに伸ばすことができるのです。

失敗するお店はたいてい、実際に来店した客数（席数×満席率）を「あとづけ」で計算しています。

もし**売り上げを確保したいのであれば、事前に「月間何人くらいの来客数が必要なのか、それを達成するにはテーブル数、席数をどれだけ用意して、満席率を何パーセントにしなければいけないのか」ということを考える必要があります。**そして、必要な席数がわかったら、まずそのホールの面積を確保します。そして、残りのスペースを厨房などに当てます。

❷回転率を設定する

次に、回転率について見ていきましょう。

ディナータイムの営業時間（5〜6時間）の中での回転率は、居酒屋で営業時間が6時間というお店で、よくてせいぜい2回転です。通常、2回転目は1回転目の5〜6割くらいの売り上げしかとれません。すると、実質的な回転率は「1・5回転」ということになります。この場合、席数×満席率×1・5が最大客数です。

たとえば、席数×70パーセント×1・5と考えると、100席あったとすれば、70パーセント×1・5なので、105名が最大客数です。これに客単価×営業日数をかければ、月商（1カ月の売り上げ）が出ます。

回転率を上げることで最大客数を増やすことができます。

回転率を上げるということは、お客さまの「滞在時間」を短くすることになりますが、それにはキッチンとホールのオペレーションの両方が効率よく回っていることが前提になります。

滞在時間が回転率に影響を与えることはすぐにわかりますよね。

たとえば、あるお店の1回転あたりの滞在時間が45分だったとすると、2回転するのに90分かかります。それが、1回転あたり滞在時間を30分にできれば、90分で3回転となり、客数は一気に1・5倍に増えます。

滞在時間は、「提供時間」と「消費時間」から成り立っています。

提供時間とは、商品を作る時間（キッチンオペレーション）で、だいたい10〜15分です。それに消費時間（お客さまが料理を召し上がりはじめてから退店するまでの時間）が加わります。たとえば、ラーメン屋さんだったら、滞在時間（提供時間＋消費時間）は長くても20分、カフェだったら平均で30分くらいです（時おり1〜2時間滞在するお客さまもいますが、それは例外です）。

滞在時間を設定するときは、そもそもどれくらいの時間で何品を提供して、お客さまにどれくらいの量（グラム）を消費していただき、満足していただくのかを決めておく必要があります。そうでないと、お客さまの気の向くままに長居されてしまうため、売り上げが頭打ちになってしまいます。店内にお客さまがいらっしゃること自体は、お店にとっては安心ですが、実は利益が出ていないことになります。

人間の胃袋は大食いの人を別にして、普通は600〜700グラム食べると満腹の状態になります。どうやってお客さまをこの状態に持っていくか商品施策（商品開発、商品設計）をしたうえで、ホールと厨房が連携してそれを実行するのです。

❸客単価を設定する

満席率と回転率が決まったら、最後に客単価をかけます。

たとえば、街中の普通の喫茶店だと平均客単価が380円くらいです。客単価の設定については第2章の商品開発で詳しく検討しますが、ここでは客単価は月商の目標の数字と大きく連動していることをお話しします。

仮に月商1000万円を目標にしている喫茶店があったとします。すると、1日当たり33万円以上の売り上げをあげる必要があります。この33万円を客単価380円で割るとどうなるでしょうか？

なんと1日当たり約900人の客数が必要になります。

30坪の店舗だとしたら「1坪に2人」で60人。1日900人を60人で割ると15回転。つまり、1日に15回転させないと月商1000万円には届かないということになります。もし、1日15回転が無理で目標に届かないのであれば、業態を変えるか、提供する商品を変えるなど、さまざまな検討をして、客単価を上げる必要があります。

❹売上計画を作成する

次に、売上計画を作成します。売上計画は事業計画書の一部です。事業計画書の中身を具体的にすればするほど、関係者間の認識を共有することができますし、金融機関の融資も受けやすくなります。

また、オープン後の検証にも使え、お客さまの消費形態が当初の想定とズレているのか、あるいは客数が足りないので売り上げが伸びていないのかなど、問題点の洗い出しがすぐにできます。

「客数が足りない」のであれば、多少の経費をかけてでも集客のための施策（広告など）を実行します。あるいは、「客数はクリアしているが、客単価が足りない」というのであれば、ドリンクの杯数やフードの皿数のどちらの問題なのかを見極めたり、おすすめ商品をどうするかなどを考えます。場合によっては、根本的に単価を見直すなどといったこともあります。

架空のお店「塩だれホルモン　満天」の事業計画書（売上計画）

ここで実際の開業に使えるレベルの売上計画を作ってみました。「塩だれホルモン　満天」という架空のお店の事業計画書のうちの売上計画です（92〜93ページ）。今回の契約面積は15坪です（家賃42万円／月、保証金252万円）。出店エリアとして想定しているのは、東京〜神奈川にかけての昔ながらの商店街で、ビジネス街も近くにある安定した売り上げが期待できそうな地域です。席数は33席に設定しました。ほぼ基準の「1坪2人」です。

なぜ、このエリアで「塩だれホルモン」業態を出店するのか？　第1章で紹介したモチベーションマーケティングをした結果、次のようなことがわかったからです。

〈エリアについて〉

この出店候補エリアには、牛角をはじめ複数の焼肉業態が存在しており、肉業態にはある程度以上の固定客がついているエリアである。焼肉業態自体はそろそろ限界値であり、これ以上このエリアに出店しても、エリア内競合に巻き込まれるため勝機は見込めない。
ただし、同じ肉業態でもホルモン系はまだ店舗数が少なく、焼肉業態よりもワンランク下のイメージがあり、使いやすさをアピールできる。実際にマーケットリサーチをした結果、焼肉業態でのホルモンのメニュー数が豊富な店は集客ができており、また、お客さまの消費量もある程度は確認できた。

〈業態について〉

客単価3000～6000円の業態が圧倒的な集客力を誇っている。居酒屋業態をはじめ、あらゆる業態が存在しているが、「店舗のあり方がオープンな雰囲気」「商材がわかりやすい」が全面に出ている業態が集客力を発揮している。
また、商品単価は一見すると安めに設定されているが、ポーションコントロールを行うことで皿数を増やすことが可能であり、安価に楽しめるざっくばらんな雰囲気を提供することで集客が見込める。

営業時間

月～木曜日	17:00 ～ 23:00
金曜日・土曜日	17:00 ～ 23:00
日曜日	15:00 ～ 22:00

曜日ごとの営業時間を設定する

日曜日は別に売り上げを算出する

売上予想

平日				
	客数	客単価	営業日数	売上
男性	36	¥4,162	26	¥3,849,534
女性	15	¥2,832	26	¥1,122,593
日曜				
	客数	客単価	営業日数	売上
男性	25	¥4,380	4	¥437,089
女性	11	¥2,916	4	¥124,711
合計				¥5,533,928

売上データ

総客数	組人数	客単価	組数	組単価	比坪売上
1,403	2.7	¥3,944	520	¥10,649	¥368,929

客数×客単価×営業日数で月商を算出
※客数、客単価、営業日数を細かく設定して、売り上げを設定しておけば、オープン後に実際の数字との差異がわかりやすくなり、どの要素にテコ入れをすればよいのかがわかる

「塩だれホルモン　満天」の売上計画

消費税別途

曜日ごとの利用率を分けて考える

基本設定

面積(T)	席数（人/T）	席数合計	男女比
15	2.2	33	Ｍ７：Ｌ３

月曜日～木曜日、金曜日・土曜日

席数	満席率	回転数	来店客数
33	70%	2.2	51

日曜日

席数	満席率	回転数	来店客数
33	60%	1.8	36

男女比（月曜日～木曜日、金曜日・土曜日）

	来店客数	設定比率	人数	月間人数
男性比率	51	70%	36	783
女性比率	51	30%	15	335

男女比（日曜日）

	来店客数	設定比率	人数	月間人数
男性比率	36	70%	25	200
女性比率	36	30%	11	86

消費商品を設定する

男性・女性の消費量を分けて考える

消費形態（月曜日～木曜日、金曜日・土曜日）

男性	品目	単価	注文数	売上
ドリンク	生ビール	480	2.2	1,056
	ハイボール	390	2.6	1,014
フード	ホルモン	280	2.9	812
	サイド	380	2.1	798
	冷麺	580	0.4	232
	お通し	250	1	250
男性平均客単価				¥4,162

女性	品目	単価	注文数	売上
ドリンク	生ビール	480	1.2	576
	フルーツサワー	480	1.8	864
フード	ホルモン	280	2.3	644
	サイド	380	0.7	266
	冷麺	580	0.4	232
	お通し	250	1	250
女性平均客単価				¥2,832

消費形態（日曜日）

男性	品目	単価	注文数	売上
ドリンク	生ビール	480	2.4	1,152
	ハイボール	390	2.6	1,014
フード	ホルモン	280	3.2	896
	サイド	380	2.2	836
	冷麺	580	0.4	232
	お通し	250	1	250
男性平均客単価				¥4,380

女性	品目	単価	注文数	売上
ドリンク	生ビール	480	1.2	576
	フルーツサワー	480	1.8	864
フード	ホルモン	280	2.6	728
	サイド	380	0.7	266
	冷麺	580	0.4	232
	お通し	250	1	250
女性平均客単価				¥2,916

注文数量は何品オーダーが入るかが基準
たとえば、1.2品×2.7人=3品、つまり1組で3品のオーダーがある

〈モチベーションについて〉

このエリアの客層のモチベーションは、濃いめのしっかりした味つけで、わかりやすい商材を好む傾向が強く、ざっくばらんにワイワイガヤガヤと楽しめる敷居の低い業態を望んでいる。一見すると低客単価の業態を望んでいるように感じるが、最終的にはドリンクの消費比率が高まり、客単価はドリンクの消費量にともなって上がっていく傾向があり、客単価4000円以内で大きな価値を提供できれば十分に勝機はある。また、平日でも16時すぎには飲みに出る客層が一定数存在しており、23時まで客足の確保が十分に見込めるので、2回転は可能。

このほか「国産豚のホルモン」を安定的に仕入れることのできる有力なルートを開拓できたことから、「鮮度が高く、安心、安全に徹底的にこだわった」国産豚のホルモンのみを仕入れ、仕入れたその日のうちに使い切ることを売りにした「塩だれホルモン」業態を始めることにしたのです。

ここで「塩だれホルモン　満天」を焼肉業態の業態マッピング（ポジショニングマップ）に

当てはめてみましょう。

　飲食店のポジショニングマップでは、縦軸は価格帯、客単価ですが、横軸は内装、環境となります。「塩だれホルモン　満天」はポジショニングマップのうち、「低客単価」で「低投資で効率重視の内装」に位置していることがわかります。

　家賃は月商の10パーセント（都市部10パーセント、全国6パーセント、限界は15パーセント）が適正な比率ですが、今回は月商５５０万円で42万円／月なので7・6パーセントです。

　さて、もう1度92〜93ページの「売上計画」をご覧ください。

　男女比（7：3）を設定して、男性と女

「塩だれホルモン　満天」のポジショニングマップ

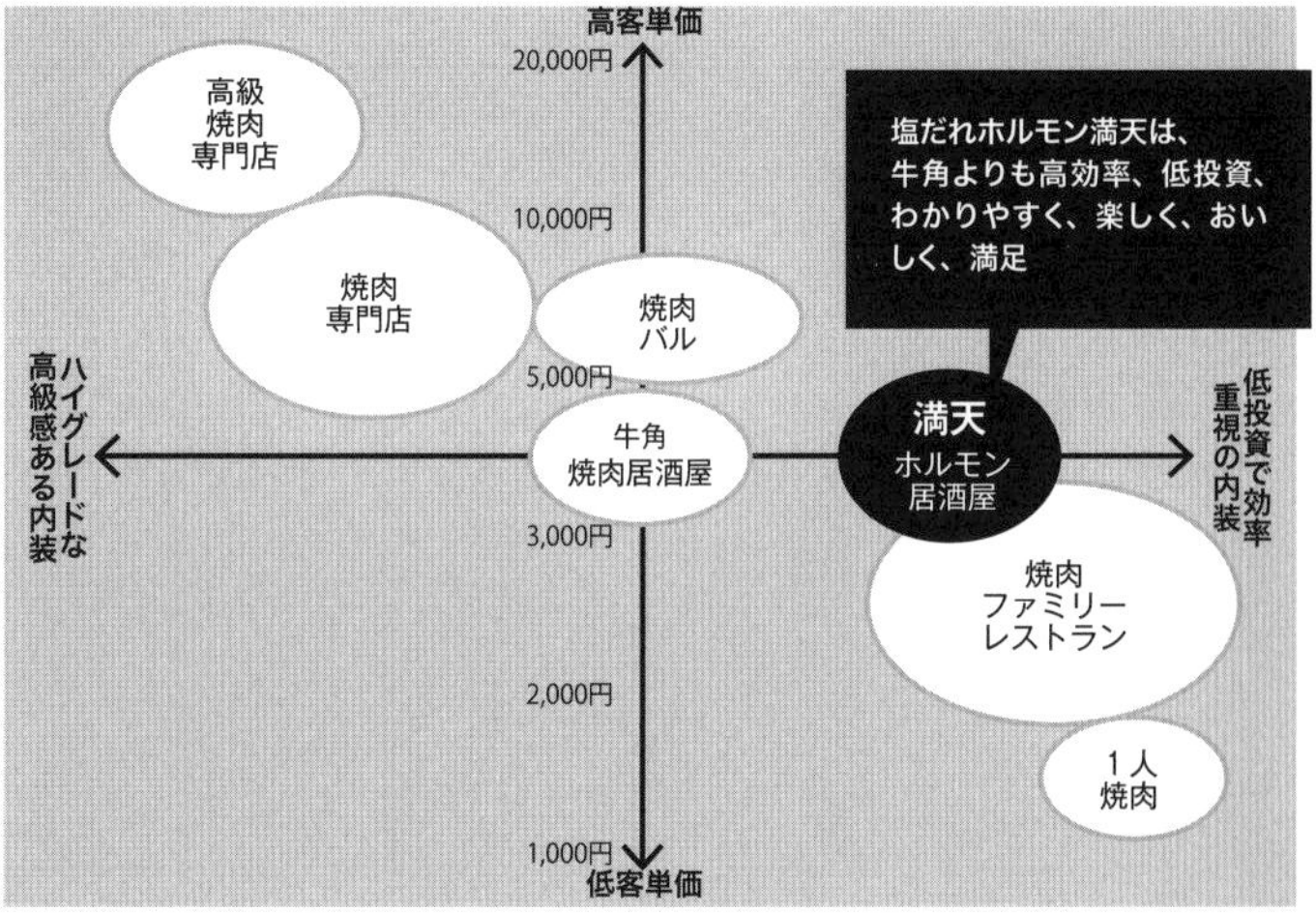

性のそれぞれの消費形態を想定します。平日と週末の満席率（平日70パーセント、土日祝日60パーセント）と回転数（平日2・2、土日祝日1・8）を出します。このお店はランチ営業はしませんが、もしランチ営業を始めるとしたら、同じように満席率と回転数を設定して月商を出します。

第2章の「成功の鉄則02」（141ページ）では「塩だれホルモン　満天」の商品戦略を検討していきます。

第2章

〈料理とメニューの「やってはいけない」〉

「おいしい料理」ではなく
「売れる商品」「儲かる商品」を作ろう

法則
08

「おいしい料理」と「売れる商品」はまったくの別物です

⊘ 自分にとっての「おいしい」ではなくお客さまにとっての「おいしい」を実現しましょう。
⊘ 化学調味料を〝適切に〟使うことは「ビジネスとしての料理」には必要不可欠です。

お客さまにとっての「おいしい」は地域によって違ってくる

飲食店が失敗する原因の1つに「おいしい料理を出すことにこだわりすぎる」場合があります。多くの方が「おいしい料理さえ出せば自然とお店は繁盛する」と思い込んでいますが、はっきりいって間違いです。

おいしい料理と繁盛は関係ありません。事実、ミシュランで星を獲得していても、経営がきびしいお店はいくらでもあります。

皆さんにお聞きしますが、繁盛店が本当においしい料理を出していると言い切れるでしょうか？

たとえば、たくさんの人を集めているハンバーガーや牛丼の大手チェーン店が「めっちゃ、おいしい!!」料理を出していますか？　これらのお店は、味はそこそこでも使い勝手がよい（早い、安いなど）ので、多くのお客さまに利用されているのです。

つまり、**飲食店が利益をあげるために必要なのは、「おいしい料理」ではなく「売れる商品」なのです。**そして、「売れる」というコンセプトを徹底的に追求して商品（料理）を作り込めるかどうかが繁盛店になるためのカギになります。

そもそも「おいしい」の定義はなんでしょうか？

「おいしい」は、塩分濃度が何パーセントですか？　食感は？　硬度は？　提供温度は何度以上、何度以下ですか？

具体的に定義できる人はいるでしょうか？　定義ができないことは「あいまい」、つまり人によって違ってきても当然のことです。

この「おいしい」の違いについては、以前、博多（福岡市）と八戸市の別々のクライアントから同時期に依頼を受けて、同時進行で業態開発をしたときのことをお話ししましょう。

このとき、どちらのクライアントも「郷土料理を提供できるお店」を作りたがっており、同時に「ほかのお店とは差別化をはかりたい」とも考えていました。

結果的には、博多でそば居酒屋、八戸市でうどん居酒屋を開店しました。

博多のそば居酒屋では、シメにコシがないそばを出しました。

博多で人気のうどんにはコシがありません。博多はうどんが日本に最初に伝来した土地で、麺にコシがないのが特徴です。どこの店のうどんも、離乳食のようにふにゃふにゃです。そこで現地の人になじみ深い「ふにゃふにゃ」感を取り入れつつ、差別化をはかるために「コシのないそば」を出すことにしたのです。

この提案はすんなり受け入れられました。帰途につく飛行機の中で、同行した東京の業者の方が「須田さん、なぜあんなコシのない、まずい麺を選んだのですか？」と質問してきました。この人は、東京の「おいしい」の感覚で考えていたのです。

そこで「博多はコシがない麺をおいしいという文化なんです。地元の人と同じものを食べてみればわかりますよ」とお答えしました。

一方、八戸市のうどん居酒屋では、ツユのしょっぱさを意識しました。

青森県では味つけを濃く、はっきりさせないと、お客さまは納得しません。この土地では、しょっぱい漬物に醤油をかけて食べるのが「おいしい」なのです。

本来、外食の料理は味を濃いめにしたほうが売れるのですが、その常識をはるかに超えるレベルのしょっぱさにしないと受け入れてもらえないのが青森県の特徴です。

どちらも東京の「おいしい」ではなく、現地のお客さまにとっての「おいしい」を表現する必要があるのです。

この例から、**万人にとっておいしい味はない**ことがおわかりいただけたかと思います。

化学調味料は正しく使えば〝強力な武器〟になる

さて、「飲食店に必要なのは『おいしい料理』ではなく『売れる商品』である」というテーマに話を戻しましょう。

売れる商品にするために最も効果的なのが、化学調味料(グルタミン酸ソーダ)を使うことです。

化学調味料は、コンブや野菜などに含まれているうまみ成分を抽出して作られているので、多くのお客さまの支持を集めるためには欠かせない調味料です。適切に使用することで、味にブレがなくなります。

以前、銀座の高級焼肉店にリサーチに行ったときのことです。

そのお店はコース単価2万8000円、アルコール類を頼むと1人当たりの合計額が

3万5000~3万6000円ですが、一般のお客さまには気づかれないように化学調味料が使われていました。お客さまは普段の生活の中で化学調味料が入ったものを食べ慣れているから、「おいしい」と、満足して帰っていきます。

たとえば焼肉業態であれば、肉巻き寿司やローストビーフのミニ丼などをコースの最初のほうに出すと、お客さまの満足度は高まります。というのも、動物性タンパク質は炭水化物を一緒に食べるだけでも満足感があるのに、さらにそこにグルタミン酸ソーダのうま味が加わると、脳が喜んで興奮状態になるからです。

こういったことを知ったうえでメニュー開発をするといいでしょう。

もちろん、私はこれまでにグルタミン酸ソーダを使わないお店のメニュー開発にも何度もかかわっていますが、無化調（無化学調味料不使用）で繁盛店の「売れる味」を超えるのはかなり大変で、それ相応の覚悟が必要です。

また、料理という商品には「再現性」も必要です。

ビジネスである以上、毎日同じ料理を同じ味で提供しつづけなければなりません。しかも、自分で作るときだけでなく、ほかのスタッフが作っても同じ味にならなければいけません。

コストを抑えつつも、いかに価値が高い料理をスムーズかつ繰り返し大量に作ることができるか――フードビジネスの視点からご自身のお店の料理を見つめ直してください。

なお、誤解していただきたくないので、説明しておきますが、私がお伝えしたいのは「グルタミン酸ソーダを絶対に使いなさい」と進言しているのではなく、「適切な使用法をきちんと考えましょう」と提案しているわけです。つまり、料理の再現性を高めたり、コストを削減するためには、「ある程度は化学調味料を使ったほうがいいですよ」と違った観点を持つ大切さをお伝えしています。

たとえば、カツオ風味の化学調味料がありますよね。

味噌汁を作るときに使うことが多いですが、あなたはどのように使っていますか？　一般的には鍋に水を張った段階でこの調味料を投入しますが、私の使い方はまったく違います。使うのは最後の最後です。

まず鍋にお湯を沸かして普通にダシをとって、味噌を投入し、味噌汁のベースを作ります。味噌汁のお椀に豆腐、戻した乾燥ワカメ、油抜きした油揚げなどの具材を入れておき、提供前にお椀に味噌汁のベースを注ぎます。最後にほんのひとつまみ、カツオ風味の化学調味料を加えます。するとカツオの風味が立って、鼻腔がくすぐられる本格的な味に仕上がります。カツオ風味の化学調味料は味を補うために使うと、うまみ成分と塩味だけが舌に張り付きますが、仕上げのときの〝香り調味料〟として使うと、本当においしい味噌汁ができ上がります。化学調味料を毛嫌いするのではなく、使い方次第ではさまざまなメリットがあるということを知っておいていただきたいのです。

この売れる商品を作ることを私は23歳から言いつづけています。おいしい料理を提供する飲食店は確かにありますし、食文化として絶対に必要なことですが、飲食ビジネスの観点から見ると商品は売れなければ、お客さまに価値も楽しさも感動も何もお届けすることができません。ですから語弊を恐れずにお伝えしますが、おいしい料理ではなく売れる商品を作りましょう。

売れる商品の要素の1つとして「おいしい」というものがあります。ですから、この観点で徹底的に商品を磨き込み、再現性を高め、価値を最大限にすることにもっと向き合っていくべきと私は考えています。

オーナーシェフとしてご自分の店を持ってお客さまとともに生活を送り、関係性を構築する人生も素晴らしいでしょう。でも、そのような場合でも料理が売れなければ生活は維持できません、そもそも大事なお客さまに幸福な経験をお届けすることができません。より多くのお客さまに楽しくておいしい体験をお届けすることが飲食ビジネスの本質だと私は考えております。売れる商品は徹底して取り入れていただきたい概念です。

法則
09

「原価率30パーセント」を守っていたら、儲かるものも儲かりません

⊘ お客さまを引きつける「集客商品」と、儲けるための「利益獲得商品」の2つを用意しましょう。

⊘ 利益獲得商品に「なりにくいもの」と「なりやすいもの」を知っておきましょう。

「集客商品」と「利益獲得商品」

メニューを作るときには「集客商品」と「利益獲得商品」の2つを考える必要があります。

集客商品とは、誰でも名前を見聞きした瞬間に、味をイメージできる料理です。

集客商品は、ほかのお店と比べて圧倒的に価値が高い（たとえば、値段の割においしい、ボリュームがある、すぐに提供されるなど）ことが重要になります。この集客商品を確立できると、お客さまに「あそこは○○のお店でしょう」＝「○○がおいしいお店」と認知され、記憶され

ることになります。

「ああ、あのトンカツがうまい店でしょう」（焼肉屋だがランチメニューのトンカツがおいしい）

「あの焼鳥屋でしょう」（本来は海鮮居酒屋だが焼鳥がおいしい）

こうなると、集客商品のおかげでお店が認識されている状態なので、店名では呼ばれません。

集客商品は、高単価商品ではなくて、扱いやすい食材を使って、低単価で誰でも頼めるものがいいでしょう。１０００円以下、できれば５００円以下で、どのテーブルにも必ず１つは置かれている、あるいはビールやハイボールとても合うので１人に１つずつ頼んでもらえるとなれば最強です。

こういう商品は、必ずオーダーされるのがわかっていますから、まとめて大量に仕込むことができ、キッチンのオペレーションが楽になります。

集客商品は「客寄せパンダ」なので、「損して得とれ」の発想で、最大の価値を提供するためにはあえて原価率を高くすることもあります。「損して得とれ」の精神でお客さまに最大限の利益を還元する、価値を提供するということですから、原価率が４割、５割、場合によっては６割になってもいいという覚悟の商品です。

利益率の低い集客商品でお客さまを集める一方で、利益獲得商品を用意し、こちらで確実に利益をとります。

利益獲得商品は原価率が15〜20パーセントを切るくらいの商品で、きちんと利益がとれるように設定します。理想をいえば、集客商品とセットで注文されるように意図的に販売戦略を構築します。

※原価率は「原価÷販売価格」、利益率は「利益÷販売価格」で計算します。

飲食店業界には「商品の原価率は30パーセントにするべし」という鉄則みたいなものがあります。単なる幻想なのですが、これを信じ込んでいる人が多い。

たとえば、原価100円のものを450円くらいで売りたいのだけれども、原価率は30パーセントでなければならないと思っているから300円で売ってしまうことがよくあります。ほとんどのお店で行われていることです。

こんなことをしていては、儲かるものも儲かりませんし、利益を上げることはできません。商売はいつまでもしんどいままです。

しんどいだけではやっている意味はありません。「ビジネスなのだから、儲けるところはきちんと儲けましょう」というのが、私の言いたいことなのです。

お客さまから3000円いただきたいのであれば、3000円に匹敵する価値を提供する発想が自然に出てくるはずです。あるいは、4500円いただきたいのであれば、お客さまが4500円払っても満足する、あるいは4500円払って得した気分になる価値が高いものを提供すればいいのです。それができれば、「あのお店はすごいよ（価値が高い）」といった評判が広まるのです。

つまり、お客さまの期待以上の価値を提供する、それが儲かる仕組みなのです。

よくいわれている**「原価率30パーセント」とは、「集客商品や利益獲得商品などすべての商品をまとめて計算すると、最終的にそれくらいの原価率に落ち着くことが多い」といった程度のとらえ方で十分です。**

集客商品と利益獲得商品の具体例

集客商品と利益獲得商品を具体的に見てみましょう。まずは鳥貴族の集客商品と利益獲得商品を考えてみます。

鳥貴族の集客商品は統一価格の焼鳥です。298円という統一価格のわかりやすさはお客さまを引きつけます。

しかし、焼鳥ばかり売っているとあまり儲かりません。利益獲得商品が必要です。それが呼び水商品のキャベツ盛とアルコールドリンクなのです。お酒は原価率が低く、一般的には8~20パーセント程度くらい。例外は生ビールで1杯の原価が180~190円くらいとなります。原価率が低いドリンクをより多く売るために、キャベツ盛があります。キャベツ盛にはお酒が飲みたくなる味つけがされているうえに、おかわり自由です。お客さまはお酒が進みます。

飲食業における料理の鉄則は「ご飯が食べたくなるか、お酒を飲みたくなるか」つまり、ご飯ものかお酒を利益獲得商品にすることです。鳥貴族は、この鉄則をきちんと押さえています。

また、「餃子の王将」の餃子は集客商品であると同時に利益獲得商品です。

かつてラーメン屋さんの利益戦略は、ラーメンの価格を低めに設定して、生ビールと餃子で利益を獲得するという戦略でした。生ビールは居酒屋みたいに価格競争に巻き込まれませんから550円くらいの価格をつけられます。それよりも利益率が高いのが実は餃子なのです。生ビールの原価が180~190円に対して、餃子の原価は1個数円レベルです。

しかし、餃子の弱点は提供時間が長いことです。一般的には冷凍の餃子を焼くので提供時間が長くなります。ところが、餃子の王将の場合、圧倒的な集客商品の餃子はオーダー率がダントツに高いため、セントラルキッチンから届けられた餃子を冷凍する必要はありません。つまり、チルドの状態で焼き上げるので、スピード提供できるという理想的なサイクルができあがっていました。


別のお店の集客商品と利益獲得商品を見てみましょう。

私の故郷(北海道帯広市)にある平和園という超老舗の焼肉屋さんの年商は10億円を超えています。

このお店の集客商品はジンギスカンですが、その原価率はなんと75パーセントです。

利益獲得商品はジンギスカン定食、ハラミ、カルビ、ナムルなどです。お客さまは、ジンギスカンだけでなく、ほかの料理も召し上がってくださるので、トータルで儲かっています。

利益獲得商品はどうやって作る？

ここまでお読みいただいて利益獲得商品の重要性に気づき、強く認識を持たれましたか？さっそく開発しようと思っている方もいらっしゃるかもしれません。その前に、利益獲得商品になりにくいものと、なりやすいものを知っておきましょう。

利益獲得商品になりにくいものはみんなが知っている商品です。つまり、名前を聞いただけで味がぱっと思い浮かぶものですが、こういうものはお客さまが簡単に原価を想像できてしまいます。

ただし、そうしたものもオーダー数が大変多いのであれば、数の論理で利益獲得商品になることがあります。1品あたりの原価率は下げづらいですが、大量にオーダーされるということがわかれば、あらかじめ食材をプレカットするなど、調理の手間（コスト）を軽減できるため、結果的に利益獲得商品になったりします。

利益獲得商品になりやすい代表例は、居酒屋の串盛りや刺身の盛り合わせなどのセット商品です。複数の商品をまとめることで、お客さまはオーダーを選ぶ手間を省けますし、お店側も売り上げ・利益をとりやすくなります。

法則
10

売れ筋商品と死に筋商品を正確に把握できていないと利益を確保できません

⊘ 経営者は、思い込みや虚栄心を捨てて自分のお店の状態や人気店の成功要因などを冷静に分析・判断しましょう。

⊘ ABC分析をするときは、商品ごとに販売個数、売上額、利益額の3つのカテゴリーでABC評価をするとすごい威力を発揮します。

お客さまの消去法から生まれた人気メニュー

「うちのホテルのレストランは、カレーがとても人気があるんだよ」という富山のあるホテルの社長さんがいました。

経営の数字はぱっとしないのですが、「カレーが一番売れているんだよね」と、自信にあふれていらっしゃいました。それを聞いて、社長さんの隣に座るスタッフの方はけげんな表情を浮かべていました。

コンサルティングを依頼された私は「いったいどんなカレーかな？」と、ランチどきにレストランに行きました。メニューを見た瞬間、カレーに人気が集まる理由がすぐにわかりました。

なぜなら、このお店で安心してまともに食べられそうな料理はカレーしかなかったからです。カレー以外は「○×サンドイッチ」「○×パスタ」など、これまで名前を聞いたことがないような謎の料理名がいくつもあったり、あるいは知っていても「出てくるまでに時間がかかりそう」でとてもランチでオーダーできなさそうな料理ばかりでした。

メニューの中で一番無難と思われるのがカレーライスだったので、みんな仕方なしにオーダーしていたのです。実際に、カレーをオーダーしたお客さまにインタビューしてみたら、皆さん「一番無難だし……」「一番早く出てくるから……」とおっしゃって、「この店のカレーを食べたい」と言った方は1人もいらっしゃいませんでした。それを社長さんは勘違いして「一番人気がある」と思い込んでいたのでした。

カレーソースは業務用のレトルトを使っているので、よほどのことがない限り、大失敗ということはありません。ただし、このまま手を打たなければ遅かれ早かれお客さまに飽きられて失敗することは目に見えています。

金沢カレーで有名な石川県のお隣の富山県ですから、もともとカレーの人気が高いエリアです。そこで、「いっそのこと、カレーをもっとおいしくしましょう」と提案しました。

2種類のカレーソースをベースにして、アレンジとトッピングを変えた6種類のカレーライスを出すようにしました。ベースは同じでも、アレンジとトッピングを変えるだけで、別の商品に仕立てられる点で、カレーは秀逸なメニューです。

定番メニューのカレーを強化して中心にすえたところで、売れていなかったサンドイッチをメニューから外しました。そうすればムダにパンを仕入れる必要がなくなりますから、経営効率が高まります。

このホテルの社長さんのように、経営者は自分のお店に対する過剰な自信や思い込み、虚栄心、あるいは繁盛店へのライバル心などによって目が曇ってしまい、謙虚になれないことがよくあります。

たとえば、自分のお店と同業態の人気店をリサーチしない経営者はたくさんいますし、リサーチしたとしてもそのやり方を間違えていたり、自分の虚栄心やライバル心に邪魔されて人気店の成功要因を冷静に分析・判断できないことがあります。

ライバル店にリサーチに行ったときに、謙虚に学ぶ姿勢と冷静な視点があれば、隣の席のお客さまに質問できるはずです。

「なぜ、この店にいらっしゃっているのですか？　このお店のどういうところがお好きなのですか？」

これができる経営者は絶対に伸びます。

ABC分析では、1つの商品を3つの項目に分けて考える

もし自分のお店の経営に対する冷静な目を持ちたいと思ったら、ABC分析をすることをおすすめします。

私はクライアントを訪れる際には必ずABC分析の資料を確認するのですが、多くの方がABC分析はあまり重要ではないと思われているようです。

通常のABC分析は、前月の売り上げの結果をまとめて、各ジャンルの累計売り上げ構成比が全体の70パーセントを占める売れ筋商品をAランクに分類して、70〜90パーセント（全体の20パーセント程度）を構成する商品をBランク、残りの90〜100パーセント（全体の10パーセント以下）の領域を構成する死に筋商品をCランクとします。

確かに、このような売り上げを基準にしたABC分析では、前月の結果が当月の上旬から中旬くらいに出てきます。すでに時間が経過したあとに見るため、熱を失った状態で確認することになりがちです。たとえば、先月は「これが出た」「これが出なかった」「予想以上に出た」「出なかった」などと、まるでスポーツの試合結果を見るように、得点と勝敗を確認しているだけという方も多く見受けられます。

結果を見ても、どうしても高額の商品が上位に来る傾向があり、肌感覚とそう変わりがないため、わざわざ分析する必要性が感じられないのです。

また、重要視されないもう1つの原因は、売り上げを構築するためのABC分析の戦略的な活用を知らないからでしょう。

実は、私はABC分析を活用しまくっています。後追いの確認資料としてではなく、意図的な仕かけの確認資料として使っているのです。

私が行っているABC分析では、1つの商品を3つの項目に分けて考えます。

通常は売上額しか分析しませんが、私はそれ以外に販売個数と利益額の項目を設けています。つまり、商品ごとに販売個数、売上額、利益額の3つのカテゴリーでABC評価をするのです。

たとえば、ある商品は販売個数はA、売上額もA、利益額もA。また別の商品は、販売個数はA、売上額はB、利益額はCなどという具合です。

このやり方であれば、販売個数が多い商品、売り上げを稼いでいる商品、利益率の高い商品が一目瞭然になります。

仮に、「販売個数はAランク」「売上額はAランクの下」「利益額はBランク」という商品があったとします。この商品は「集客商品」です。販売数はトップであり、来店したお客さまのほぼ全員がオーダーする商品です。しかし、集客商品の特性上、競合よりも価格を極端に下げている（お得感を演出している）ため、必然的に利益率は低くなります。つまり、販売個数が多くて売上額もそれなりに高くはなりますが、利益額はBランクとなってしまうのです。

それに対して、「販売個数はBランクのトップ」だが「売上額と利益額はAランクの上位」に位置しているという商品があったとします。これは、販売個数は少ないものの、売り上げの下支えと利益確保には大きく貢献している商品です。

この商品は「利益獲得商品」である、もしくはその可能性を秘めた商品です。Bランクのトップに来ている商品は利益獲得商品になりやすいのです。この商品を戦略的に仕かけることが利益アップのカギです。

この商品は、おそらく売価は1000円を軽くオーバーしているはずです。販売個数は集客商品とセットでオーダーされることが多いので比較的上位に来ていますが、Aランクに入るほどではありません。売価が高い分、売り上げと利益をガッチリと確保してくれる優良な商品といえるでしょう。

集客商品がそのまま利益獲得商品になった事例

最も理想的なのは、集客商品イコール利益獲得商品というケースです。たとえば、「販売個数でA、売上額でA、利益額でA」という商品を開発できればいうことはありませんが、なかなか難しいのが現実です。

ところが、これを実現しているお店があります。

宮崎県の延岡市にあるチキン南蛮発祥の店「おぐら」は、チキン南蛮が集客商品であり、同時に利益獲得商品にもなっています。

お客さまはみんなチキン南蛮を目指して来店されますが、一番人気が鶏のムネ肉なので利益率が高くなっています。さらに、レシピを少し変えて、原価を1ポイント下げることに成功しました。

先ほど、私はABC分析を「意図的な仕かけの確認資料として使っている」と言いました。

実は、一押し商品をAランクに入れるとか、あえてこの商品はCランクに入れることを計画的に行っているのです。

「今後これが売れ筋になるな」が見つかったら、それに注力します。仮に、狙っている商品がAランクの上位に入ってこないときは、すぐに商品を徹底的にチェックします。味つけ、見た目、ボリューム（ポーション）、提供温度、提供時間など、ありとあらゆることを細かくチェックして、Aランクの上位に入らない原因を探ります（たいてい欠点を改善していくことで売れ筋になります）。

私には次のような持論がありますが、ABC分析を戦略的に活用した経験をお持ちの方は納得がいくでしょう。

・最もたくさんお客さまに買われている商品が、最もお客さまが体験したい商品です。（販売個数）……集客商品
・最もたくさん売り上げている商品が、会社の業績を安定させている商品です。（売上額）
・最もたくさん利益を稼いでいる商品が、会社を儲けさせてくれる商品です。（利益額）……利益獲得商品

利益額基準

	商品	単価	利益額	販売個数	販売額
Aランク	B−1	2480	339,264	190	471,200
	A−2	680	323,680	680	462,400
	A−5	880	316,800	480	422,400
	A−4	800	280,000	500	400,000
	A−7	890	199,360	320	284,800
	A−3	440	188,496	630	277,200
	B−2	1380	168,912	180	248,400
	A−1	480	134,400	700	336,000
	A−6	430	128,570	460	197,800
	B−4	1100	120,450	150	165,000
Bランク	A−8	580	118,320	300	174,000
	B−3	890	99,680	160	142,400
	B−6	870	79,170	130	113,100
	A−9	400	76,160	280	112,000
	B−5	670	68,005	145	97,150
	A−10	360	56,304	230	82,800
	B−7	580	55,680	120	69,600
	B−8	460	27,600	100	46,000

A-1とA-2は同じカテゴリーの商品だが、
A-2は売価が200円高く、利益は30パーセント高い
A-1の1個あたりの利益率は192円、A-2は476円である

※最終ページ掲載のURLからエクセルシートをダウンロードできます

ABC分析の例

販売個数基準

	商品	単価	販売個数	販売額	利益額
Aランク	A－1	480	700	336,000	134,400
	A－2	680	680	462,400	323,680
	A－3	440	630	277,200	188,496
	A－4	800	500	400,000	280,000
	A－5	880	480	422,400	316,800
	A－6	430	460	197,800	128,570
	A－7	890	320	284,800	199,360
	A－8	580	300	174,000	118,320
	A－9	400	280	112,000	76,160
	A－10	360	230	82,800	56,304
Bランク	B－1	2480	190	471,200	339,264
	B－2	1380	180	248,400	168,912
	B－3	890	160	142,400	99,680
	B－4	1100	150	165,000	120,450
	B－5	670	145	97,150	68,005
	B－6	870	130	113,100	79,170
	B－7	580	120	69,600	55,680
	B－8	460	100	46,000	27,600

販売額基準

	商品	単価	販売額	販売個数	利益額
Aランク	B－1	2480	471,200	190	339,264
	A－2	680	462,400	680	323,680
	A－5	880	422,400	480	316,800
	A－4	800	400,000	500	280,000
	A－1	480	336,000	700	134,400
	A－7	890	284,800	320	199,360
	A－3	440	277,200	630	188,496
	B－2	1380	248,400	180	168,912
	A－6	430	197,800	460	128,570
	A－8	580	174,000	300	118,320
Bランク	B－4	1100	165,000	150	120,450
	B－3	890	142,400	160	99,680
	B－6	870	113,100	130	79,170
	A－9	400	112,000	280	76,160
	B－5	670	97,150	145	68,005
	A－10	360	82,800	230	56,304
	B－7	580	69,600	120	55,680
	B－8	460	46,000	100	27,600

A-1：個数で1位、販売額で5位、利益額で8位、これは集客商品
B-1：個数（B ランク）で1位、販売額（Aランク）で1位、利益額（Aランク）で1位、これは利益獲得商品
A-2：個数で2位、販売額で2位、利益額で2位、これは隠れた人気商品で集客商品で利益獲得商品

これら3品を安定して売っていくとよい

法則11

料理人は料理を作るのは得意ですが、「メニュー」は作れません

⊘ 最優先すべきは「お客さまが食べたい料理、好きな料理（＝売れる商品）」を作ること。「マーケットイン」の発想を持ちましょう。

⊘ 経営者は、作りたい新商品のイメージを料理人にきちんと伝え、それを共有するようにしましょう。

新商品の開発は経営者が責任を持って行いましょう

ほとんどの飲食店が、新商品（メニュー）を開発するときに直面する壁があります。それは、料理人が「お客さまが食べたい料理、好きな料理（＝売れる商品）」ではなく、「自分が得意な料理」「自分が作れる料理」、あるいは「自分が好きな料理」を作ってしまうことです。

そもそも料理人は料理を作ることにずっと打ち込んできた職人、プロフェッショナルです

から、頭に入っている料理に関する知識や情報、そして作ることの経験値はオーナーよりも圧倒的に多いのが普通です。いつでも同じ料理を再現できる能力もとても高い。

ただし、誤解を恐れずに言うと、**料理人は調理はできますが、商品開発はできません。**もちろん、料理人と経営者が同一人物であれば話は変わってきますが、経営者と料理人が別々である場合、経営者は売れる商品を開発したいのですが、料理人が言うことを聞いてくれない、自分の得意な料理しか作ってくれない——つまり経営者が料理人をコントロールできないことがしばしば起こります。

最悪のケースは、経営者が料理人にすべてをまかせようとする場合です。商品を開発する際、料理人が作ってきたその試作品の中から決めようとします。これでは、お客さまが欲している商品ではなく、自分たちが作ることのできる料理を提供するだけになります。

このような消費者不在のやり方では、お客さまが求める商品を作ることはできません。自分たちが作れる、得意という理由だけで作った独りよがりの商品ですから、売れるはずがありません（ちなみに、このような商品ありきの発想をマーケティング用語で「プロダクトアウト」といいます）。

まず経営者と料理人が共通認識を持つ

もし、**売れる商品を作りたいのであれば、いきなり開発に取り組むのではなく、「お客さまが求めるものは何か」を調べたり、考えたりした結果、「これならお客さまは喜んでくれる」商品を提供するといった「マーケットイン」の姿勢が必要です**（要は、お客さまありきの発想です）。

お客さまにリサーチして、このエリアで望まれている商品をあぶりだします。それがわかったうえで、「売れる」裏づけのもとで商品を磨いていくのです。つまり、売れる商品は確信を持って開発するべきなのです。そして、それを実現できるだけの技術のある料理人の出番です。

料理人は経営者が予想しているよりもはるかに料理の知識を持っています。しかし、店のコンセプトやどんな料理を提供するのかを決めるのは経営者の仕事です。

世の多くの飲食店経営者は、料理人に対する自分の言葉が足りていないことを自覚する必要があります。もし、売れる新商品を開発したいのであれば、まず自分自身の中にある新商品のイメージを料理人にきちんと伝え、共有しないといけません。

ただし、注意しなければいけないことがあります。

人間には、会話の中で〝自分にとって印象的な〟言葉が出ると、その言葉に意識が集中し

郵便はがき

料金受取人払郵便

牛込局承認

9092

差出有効期限
令和7年6月
30日まで

162-8790

東京都新宿区揚場町2-18
白宝ビル7F

フォレスト出版株式会社
愛読者カード係

フリガナ お名前	年齢　歳 性別（男・女）
ご住所　〒 ☎　（　）　FAX　（　）	
ご職業	役職
ご勤務先または学校名	
Eメールアドレス メールによる新刊案内をお送り致します。ご希望されない場合は空欄のままで結構です。	

フォレスト出版の情報はhttp://www.forestpub.co.jpまで!

フォレスト出版　愛読者カード

ご購読ありがとうございます。今後の出版物の資料とさせていただきますので、下記の設問にお答えください。ご協力をお願い申し上げます。

●ご購入図書名　「　　　　　　」

●お買い上げ書店名「　　　　　　」書店

●お買い求めの動機は?

1. 著者が好きだから　2. タイトルが気に入って
3. 装丁がよかったから　4. 人にすすめられて
5. 新聞・雑誌の広告で(掲載誌誌名　　　　)
6. その他(　　　　)

●ご購読されている新聞・雑誌・Webサイトは?

(　　　　)

●よく利用するSNSは?(複数回答可)

□Facebook　□X(旧Twitter)　□LINE　□その他(　　　　)

●お読みになりたい著者、テーマ等を具体的にお聞かせください。

(　　　　)

●本書についてのご意見・ご感想をお聞かせください。

●ご意見・ご感想をWebサイト・広告等に掲載させていただいてもよろしいでしょうか?

□YES　□NO　□匿名であればYES

あなたにあった実践的な情報満載! フォレスト出版公式サイト

https://www.forestpub.co.jp　フォレスト出版　検索

てしまい、思考が止まってしまうという習性があります。そうなると、それ以降に肝心なことを言っても伝わりません。話を自分で勝手に解釈して、頭の中で自分なりのストーリーを組み立ててしまい、最後に「わかりました」と言います。が、実はまったくわかっていない状態になってしまいます。

多くの料理人がどのような言葉に引っかかるかというと、「〇〇（店）のような味」です。たとえば、経営者が「陳さんの店の麻婆豆腐のような〝盛りつけ〟が……」などと言うと、自分の頭の中で「あの麻婆豆腐はやたら辛いよな。ラー油がたくさん使われていて、山椒もビリビリ効いているし……」などのイメージを思い浮かべて商品を仕上げます。経営者は盛りつけのイメージを伝えたかったのに味を再現することと勘違いしてしまい、的外れな試作品が提供されてしまいます。

経営者は、この料理人の習性をうまく利用する必要があります。

経営者が開発したい料理と近いイメージの料理を出しているお店に料理人を連れて行って、味わってもらうのです。「ほら、この単価だよ、この味の濃さだよ、このポーション、このシズル感だよ、このネーミングだよ」などと具体的に体験してもらうのです。

※ポーション、シズル感……ポーションとは一口サイズ、山盛りなど分量のことです。シズル感は、

カリカリ、ジュージュー、パリパリなどのオノマトペで表されるものです。シズル感で大事なのは絵が浮かぶことです。人間は視覚優位にできていて、70パーセント以上は視覚から情報を得ているといわれており、視覚化できる言葉は効果が高いのです。

さらに、「この料理を食べたお客さまはこんな反応をしているね。この反応を私も自分の店でも見てみたいんだよ」などと具体的に言葉にするのです。

これくらいしないと、料理人には理解されません。彼らの頭の中には料理に関する情報がパンパンに詰まっているので、具体的な体験と言葉がともなわないと、経営者が考えているイメージは伝わりません。

料理人はたいていの料理は一度食べれば再現ができてしまうので、店に帰ったら、まず料理人に再現してもらいましょう。その料理をもとに、「うちの店で出すのであれば、もうちょっと辛みは抑えようか。うまみはこう乗せようか。シズル感はこんな感じに演出しようか。ボリューム感をもっと出そうか」といったことを相談しながら、開発をするのです。すでにお互いが共通の土台に乗って話し合いができるので、効率的に開発できますし、経営者のイメージ通りの商品に仕上がる確率は格段に上がるでしょう。

ところが実際は、ここまでやっている経営者はほとんどいません。自分のイメージをきちんと伝えられていないくせに、「料理人が言うことを聞いてくれない」「職人は使いづらい」などと言い、揚げ句の果てには料理人のことを毛嫌いする始末です。

そんなことでは、いくらいい料理人を雇っていても「売れる商品」を開発することはできません。

まずは、経営者が料理人たちの習性を理解して、コミュニケーションのとり方を変える必要があるのです。

これからの飲食店を考えると、もっと積極的に料理人を雇用し、活用するべきと考えます。働き方改革も始まり労働条件はますます変化しますから、商品価値を圧倒的に高め、経営を安定させるためには、料理人の雇用は必要と強く思います。

法則12

グループでいらしたお客さまに同時に料理を提供できないお店は嫌われますよ！

⊘「同時同卓（同じテーブルのグループ客には料理を同時に提供する）」ができないと、お客さまの印象が悪くなるだけでなく、経営効率も悪化します。

⊘「効率のよい調理法」は、事前の仕込み（下準備）がきちんとできていることで初めて実現します。

「同時同卓」の可否が回転率と満席率を決める

皆さんも次のような経験をしたことがあるではないでしょうか。

仮に、取引先の方、同僚、あなたの3人でランチに行ったとします。あなたはAランチ、同僚はBランチ、取引先の方はCランチをオーダーしました。まず、Aランチが届き、そのあとすぐにBランチが来ました。ところが、そのあと2分経っても、3分経っても取引先の方が頼んだCランチが出てきません……。

取引先の方は気をつかって「どうぞお先に」と言ってくれるのですが、あなたも同僚も気が引けて、とりあえず間を埋めるためにとってつけたような雑談を始めますが、ぎこちない雰囲気が漂います。

近くを通ったホールスタッフを呼び止めて「Cランチはまだですか？」と聞くと、スタッフは「少々お待ちください」と言って厨房に向かいます……。

最後のCランチが1つ来ないだけで、いい大人3人がそわそわした気持ちになったり、イラついたりします。

Cランチが届くころには、先に来た料理は冷めているでしょう。仮に取引先の方のすすめにしたがって先に食べはじめていたとしたら、取引先の方は料理が届いたら先に食べはじめた2人に追いつくために大急ぎで食べるでしょう。

こんな不快な経験をさせられたお店をあなたはひいきにするでしょうか？

そう考えると、グループで来店されたお客さまの料理は「同時同卓」、つまり同じテーブルからオーダーされた料理は種類が違っても同時に提供されなければならないことがおわかりいただけると思います。私は、同時同卓は飲食店の基本だと断言します。

実は、同時同卓はお客さまへのサービスというだけでなく、お店の売り上げと利益の増大につながる重要なオペレーションです。

たとえば、先にオーダーした1番テーブルのお客さま3人の料理を同時に出し、次にオーダーした2番テーブルのお客さま4人の料理を同時に出し、その次にオーダーした3番テーブルのお客さま3人の料理を同時に出し……とすると、食事を終えたテーブルのお客さまから順にお会計に進むので、各テーブルには次にいらしたお客さまをご案内できます。

つまり、**同時同卓で提供することで回転率を上げることができるのです。**

ところが多くのお店で、同時同卓ができていません。

料理が出てくるタイミングがバラバラだから、お客さまたちが食べ終わるタイミングもバラバラになってしまいます。なかなかテーブルが空きません。最初に料理が出てきたお客さまたちは、なかなか全員の料理がそろわないから食べ終わりません。料理が出終わって食事が済むと、お客さまたちはいっぺんに会計に向かうために、今度はレジが渋滞します。

レジ前の渋滞の対応にホールスタッフが追われると、新規に来店されたお客さまをまともにアテンドできず、バッシング（下膳）もできていないから、ついつい「空いているお席にどうぞ」ということになり、結果的に満席率が悪くなります。満席率が悪くなるということはすなわち売り上げが悪くなるということです。

「同じ料理」ではなく「同じテーブルの料理」を同時に作る

同時同卓を実現できない理由は、料理人（キッチン）側の事情です。

たとえば、4人テーブルが10卓あるお店で、各テーブルにお客さまが3人ずつ座っていて、30食を提供するとします。そして、その30食が仮に料理A、料理B、料理Cと3種類だったとします。

厨房には10卓分の伝票が並んでいます。

すると、たいていの料理人は、1卓の料理A、3卓の料理A、7卓の料理Aといった具合に、料理Aから作りはじめます。そして、料理Aをすべて作り終えたら、次は料理B、料理Cに取りかかります。1種類の料理をまとめて作るほうが効率的だからです。

ただ、これは料理人にとって効率的なだけで、お店全体にとってはどうでしょうか？　多くの経営者は、「まとめて作ったほうが効率的」という料理人の言葉をうのみにして、料理を提供する順番をまかせてしまっています。

ところがそうすることで、同時同卓ができなくなります。たとえば、あるテーブルのお客さまが料理A、B、Cをオーダーしたとして、最初に料理Aが届き、数分後に料理Bが、さらにその数分後に料理Cが届くとなったらどうでしょうか――先ほどの話と同じですよね。

自分の料理だけ届いていないお客さまがどういう表情を浮かべて待っているかを見れば、料理人にとって効率的であっても、お店にとってはよいことではないとわかるはずです。お客さまに支持されて繁盛したいのであれば、あなたのお店では、料理人がなんと言おうと、同時同卓のルールを徹底してください。

きちんと「下準備」することで〝速く〟〝おいしく〟作れる

実は、多くのお店は「効率のよい調理法」の意味を誤解しています。

キッチンオペレーションは下準備（ストック）から実際の調理までの段階に合わせたレシピを用意して、それに基づいてオペレーションをすることで効率的になります。

実際の調理法のレシピだけでなく、下準備のレシピも用意します。

たとえば、次のようなものです。

「スープのとりかたと保管方法」

「野菜のプレカットの種類（ザク切り、小口切り、乱切り、千切りなど）」

「肉の下準備（ランチ用の肉は先に火を入れておく。プレカットして生のままで保管すると肉汁が抜けて乾燥してしまうため）」

鶏のから揚げを例にします。

下準備のレシピは「仕上がりの7〜8割の段階までは低温で揚げておく」として、オーダーが入ったあとの調理のレシピは「高温のフライヤーで揚げる」とします。これは、最後まで火を通すのと同時に、表面をカリッと仕上げるためです。

こうすることで、鶏のから揚げを2分くらいで提供することができます。

なお、仕上がりには、お客さまのテーブルに届くまでの余熱の時間も考えておきます。

同じやり方で鶏のむね肉を揚げて、下に野菜を敷いたり、ソースをかけることで、油淋鶏《ユーリンチー》にすることもできます。

これが効率的ということです。

効率性を上げるためには、その前段階の仕込みが重要です。

効率のよさを勘違いしている料理人は「下準備が面倒だ」と言って、フライパンで一気に仕上げてしまいます。これは、自分たちにとって都合のいい「効率のよい調理法」です。

たとえば、肉野菜炒めを作るときに、すべての食材をいっぺんにフライパンに入れて、一気に炒める人がいます。しかし、肉と野菜、さらに各食材のカットの仕方によって、火の入り方が違います。まとめて炒めると、野菜に火が通ったころには、肉は火が通りすぎて硬くなってしまいます。ですから、火が入るのに一番時間がかかるもの、たとえば硬い野菜などから先に入れる、つまり火が通りにくい順に入れるようにしなければなりません。

このことは、料理人と経営者が別人の場合は異なる2つの立場から議論ができるため、解決が容易です。

やっかいなのはオーナーシェフの場合です。オーナーシェフは自分が決裁権を持っているため、議論する相手がいません。そのために間違った（自分本位の）効率化を進めてしまい、隠れ離客（サイレントクレーマー）が発生していることに気づかないことがあります。

法則 13

最初から全力で作り込んだ新商品は、ほぼ確実にお客さまにそっぽを向かれます

⊘ 新商品を開発するときは「試作→試食→テストマーケティング」という手順をきちんと踏んで、時間をかけて取り組みましょう。

⊘ いくら「いい商品」ができても「必ず売れる」とは限らないので、テストマーケティングで売り方をいろいろ試してみましょう。

「試作」はチャレンジ、「試食」は仕上げ

序章で「繁盛店にしたければ、お店（の外観、内装など）を作り込みすぎてはいけない」とお話ししました（29ページ）。

飲食店を始める際に、お金の面でも気持ちの面でも入れ込みすぎると、あとから軌道修正ができずに失敗に一直線……となってしまうおそれがあります。

新商品（メニュー）の開発も同様です。

最初から全力で作り込むのはやめましょう。多くのお店はテスト販売も行わずに、いきなり新商品をメニューに組み込んで、大々的に販促をかけますが、そのほとんどが大失敗しています。

新商品を作るときは、本来であれば「試作→試食→テストマーケティング」といった手順を踏んで、「本当に売れるのか？」を検討するべきなのです。

試作、試食、テストマーケティングについて簡単にご説明しましょう。

試作は、それまでの制約を取り外し、とにかく可能性にチャレンジする段階です。盛りつけや売価を度外視して、素材や商品と実直に向き合う時間です。「なんでもやってみよう」くらいの軽い気持ちで取り組みましょう。

たとえば、「トマトソースのパスタ」の新商品を作るとしたら、まずはいろいろな方向で調理してみるのです。

仮に「トマトソースのコクを出そう」というのであれば「トマトピューレを3分の1まで煮詰めてみよう。そうしたらこんな味、こんな硬さになった」などと試してみます。試してみると、「ここまで煮詰めると時間も原価もかかるから、代わりにグルタミン酸ソーダをいれて味を安定させてみよう」などとなります。

結果、A、B、C、Dの4種類のトマトソースができたとして、それを経営者と料理人が「これをこうしよう、こんな風にパスタと合わせてみよう」などとじっくりと検討するのです。

このように商品のクオリティを上げるためには1品ずつきちんと試作し、しっかり吟味します。

納得のいく試作品ができたら、次は試食を行います。「実際にお客さまに提供したときにどうか？」とイメージしながら食べます。皿のデザイン、盛りつけ、ほかの料理との組み合わせ、キッチンのオペレーションも含めて検討します。

試食は、試作品を「商品」に仕上げるための最終段階です。

多くのお店は試食は必ずするのですが、その前段階の試作をきちんとやっていません。あるいは、試作と試食の違いがわからず、混同しているお店もあります。

完成度が低い段階で試食会に出すと、料理人のほうはまだ試作段階だと考えていたのに、経営陣は商品の一歩手前くらいに考えていて「こんなものを出せるか！」などと怒り出すといったことになります。これは、経営者と料理人の間で共通認識が持てていないことで起きます。

無事、試食を終えて、「いける！」となったら、次はテストマーケティングをします。

テストマーケティングで商品力を磨く

テストマーケティングは、すでにお店が開業している場合には「○○フェア」のような期間限定で行います。期間は、短くて1週間、長ければ3カ月です。商品の特性にもよりますが、季節商品ならば1週間でいいかと思います。

グランドメニュー化を考えている商品であれば1～3カ月間展開して、お客さまの反応をじっくりと観察する必要があります。皿のデザイン、盛りつけ、ネーミングを変えるなど、いろいろなことを試してみます。そして、お客さまの反応がよくなってきたという裏づけがとれた段階で、グランドメニュー化するのです。

具体的なテストマーケティングの進め方をご紹介しましょう。

以前、コンサルティングをしていたお店で、夏の季節商品である冷麺のテストマーケティングをしたことがあります。

このときは、ランチタイムに冷麺フェアを展開しました。そして、フェアメニューとして

3種類の冷麺を用意しました。1つ目はモチモチの食感がある盛岡冷麺、2つ目は辛みが特徴的な韓国風冷麺、3つ目は和風冷麺と、味の方向性を変えました。

フェアを開始する前に「冷麺フェアをやります」という予告ポスターを入り口と店内に貼って告知をします。そして、フェアがはじまったら、「本日はフェアをしておりまして、冷麺がおすすめです」と言って、お客さまにおすすめします。

テストマーケティングでは「売り方」もテストします。

「どのタイミングで売ったら売れるのか」「どういうトークですすめれば売れるのか」とか、「ターゲットを変えてみたらどうか」などということです。

たとえば、「30代の女性2人組や中高年男性に好評」ということがわかったら、ターゲットをそこに絞ります。

また、「盛岡冷麺のほうが和風冷麺よりもよく売れているが、あえて和風冷麺をメニューに残しておこう」などと戦略を練ったり、価格帯も少しずつ変えてみるなど、ブラッシュアップして商品力を磨いていきます。

このときは、多くのお客さまから「冷麺だけだと物足りない」という声があがったので、最終的に冷麺、サラダ、ミニ丼のセットにしました。その結果、テストマーケティングの期間は単品で880~980円だった価格を、セットで1380円にしました。

すでにお客さまの反応は確認済みなので、この値段でも自信を持っておすすめできますし、売り上げ、利益ともに確保しやすくなりました。また、「フェアが好評だったのでグランドメニューに入れました」ということで、お客さまにも好意的に受け止められました。

テストマーケティングがいかに大切かおわかりいただけたと思います。

ところが、テストマーケティングをきちんとやっているお店はほとんどないというのが実情です。ほとんどのお店が、お客さまの反応などそっちのけで、いきなり全力で自分たちにとっての「おいしい料理」を作り込んでしまいます。そして、その結果、お客さまの支持を得られず、落ち込むという具合です。

商品開発に〝絶対〟はありません。

大手のチェーンほど、きちんと商品開発とテストマーケティングの手順を踏んでいます。なぜなら、彼らだって、何が売れるかはお客さまに出してみないとわからないからです。

成功の鉄則
02

店舗、商品、メニューのコンセプトはとことん作り込み、全員で共有しよう！〈コンセプトその1〉

店舗コンセプトと商品コンセプトの具体例

経営の世界でよく使われる「コンセプト」という言葉は、人によっては「難しそう」とか「面倒だ」と思うかもしれません。しかし、**飲食店におけるコンセプトはいたって簡単な話です。ひとことでいうと、経営者、料理人、ホールスタッフの全員が共有しておく考え方の土台のことです。**

通常は、業態を決めるときに店舗コンセプトを決めて、店舗コンセプトが決まったら、次は商品コンセプト（ストーリー）、メニューコンセプトと、段階ごとにコンセプトを決めていきます。

メニューが決まったら、具体的な味の設計図を作成します。そして最後に、これらのコンセプトと設計図を経営者、料理人、ホールスタッフなど主力メンバー全員が共有するのです。

ここでは、92〜93ページに売上計画書を紹介した架空のお店「塩だれホルモン　満天」のコンセプト（具体例）をご覧いただき、コンセプトを作る際の基本的な考え方を解説します。

まずは各コンセプトのイメージです。

このお店の業態は「ホルモン居酒屋」です。業態ポジションマップでは、「低客単価」で「低投資で効率重視の内装」に位置しています（95ページ）。

「塩だれホルモン　満天」の店舗コンセプトは次のようにします。

> 鮮度抜群で安心・安全な国産ホルモンを毎日仕入れて、ていねいな手仕事で仕込むことでホルモンの価値を最大限に高め、驚きのロープライスで提供する。
>
> お客さまは、ハイボール、ホッピー、サワー類をガブガブと飲みながら、仲間と楽しく、おいしい料理を堪能できるホルモン焼き専門店。

続いて、商品コンセプト（ストーリー）は次の通りです。

鮮度に徹底的にこだわる。

おいしさはもちろんのこと、安心と安全を担保するため、国産豚のホルモンのみを仕入れ、仕入れたその日のうちに使い切る。

ホルモンは少なめのポーション（1皿60グラム）で提供することで、お客さまは多品種を注文できるうえ、店側も安価に提供できる。お客さまに「いろいろなホルモンを安く食べられる」といった、楽しさ・満足感・満腹感を提供する。

ホルモンのたれは、オリジナルレシピの無添加塩だれを開発することで圧倒的な集客商品にするとともに、ホールスタッフにはおすすめを徹底させる。

ホルモンの原価率は25～45パーセントとある程度高めの設定にしてお得感のある集客商品にする。そして鮮度と味と低価格により、圧倒的な差別化を図る。

利益獲得商品のメインはアルコール類。しっかりと利益を確保する。

ビールの実注量は270ccに抑えて価格は480円と高めに設定。これにより、低原価のハイボール、ホッピー、サワー類へのすみやかな移行をうながす。この炭酸系アルコール飲料の消費杯数を伸ばすことで利益をしっかり確保する。

主力商品であるホルモンのプライスレンジ（価格帯）は280～480円に設定。

目標客単価3800円。

お通しの「無限バリキャベ」（独自開発）は、それだけでビールを一杯飲んでしまうほどのインパクトを表現する。

最後は冷麺かご飯類でシメてもらい、味の記憶をダメ押しするとともに、満足感・満腹感を提供する。

メニューコンセプトと完成メニューの具体例

次に「塩だれホルモン　満天」のメニューコンセプトは次の通りです。


お通しはおかわり自由の無限バリキャベでわかりやすいおいしさを提供。この一品だけでビールを一杯飲んでしまうほどの体験を提供し、これから始まるホルモン焼きへの期待感をあおる。

少なめのポーションのホルモンを驚きの低価格で提供する。少量・低価格であるため、お客さまは多品種・多数のオーダーができるため、部位ごとの味の違いを楽しめる。

ホルモン専用のオリジナル塩だれが、くさみが一切ないぷりぷりのホルモンと相性が抜群なので、素材の味をあますことなく引き出す。

たれは、塩だれに加えて、みそだれ、しょうゆだれも用意する。すべて無添加の自家製とすることで、他店との差別化を図る。
最後は冷麺とご飯類でシメてもらい、満足感と満腹感に浸っていただく。

〈想定売価〉

塩だれホルモン		280～480円
豚焼肉		480～680円
冷麺		580円
生ビール		480円
ハイボール		390円
サワー類		380～680円

〈1人当たり想定消費量〉

お通し (無限バリキャベ)	1	250円
ホルモン	3	1200円
アラカルト	2	600円
シメ	1	580円
ドリンク	3	1200円
	合計	3830円

味の設計図の具体例

そして、味の設計図です。

・お通しの「無限バリキャベ」はオーダーしなくても提供されるので、お客さまを「損した気分」にさせないようにおかわり自由にする。「店側が損をするのではないか」と思わせるくらい「おいしくて食べ放題」のお通しを出すことで、大きな価値を提供する。また、わかりやすい味を提供することでお客さまの脳を喜ばせる
・すべての料理の味はアルコールの消費をうながす方向を目指す
・塩味は、水分としてお酒を飲みたくなる程度まで濃くする
・甘味は、お通しのキャベツの甘みを活用する
・うまみはグルタミン酸ソーダを使って、喉がかわきを感じるくらい強めにする
・油分はゴマ油をメインにして、香りとコクを出す
・キャベツの食感は鮮度抜群のバリバリ
・キャベツは少なめポーション（分量）で提供。その代わりおかわり自由にする。器のボウルを小さくすることで、テーブルの占有面積を節約する（ほかの品を置くスペー

スがある状態にする）

・塩だれホルモンは、塩味・うまみ・油分・食感・ポーション・価格のすべての面において、他店よりも圧倒的に高い価値を提供する
・味の方向性はアルコール飲料の消費をうながすことを目指す
・塩味は、塩とコショウを強調。たれの味をガツンと感じるように
・食材はしっかり洗ってくさみを消して、鮮度のよさをアピールする。さらにグルタミン酸ソーダでうまみを強調する
・ゴマ油を使って香りとコクを出す
・食感は「モチっと感」と「プルッと感」を出す
・ポーションは１皿60グラム以下

成功の鉄則 03

コンセプトを作るための基本的な考え方を知ろう〈コンセプトその2〉

店舗コンセプトはお客さまにわかりやすく

架空のお店「塩だれホルモン　満天」のコンセプトを見ていただいたところで、ここではコンセプトを作るにあたっての基本的な考え方について解説します。

第1章の44ページで業種と業態の違いを紹介しました。

業種とは一般的に何屋さんかということ、業態とはどのような何屋さんかということでしたね。たとえば、業種は焼鳥屋、業態は串焼き専門店といったことです。

店舗コンセプトとは、自分たちが決めた業態をお客さまに伝えることです。

業態が串焼き専門店となれば、「宮崎県から空輸した朝採れ地鶏で作ったおいしい焼鳥をにぎやかな店内で味わうことができます」といったことです。

あるいは、業態が鮮魚居酒屋であれば、「市場を通さないで、漁師さんから直接、魚を買いつけています。入り口のアイスベットに入っている新鮮な魚を落ち着いた個室で味わうことができます」などとなります。

このように**店舗コンセプトがはっきりしていれば、お客さまのほうも、焼鳥がメインの店なのか、魚料理がメインの店なのか、つまり「この店で何を注文すればいいのか」が瞬時にわかります。**

店舗コンセプトを作るときは、「お客さまはこの店では○×を食べられる、□△をこんな風に楽しめる」を明確に打ち出すべきです。そして、それは何よりも身内（経営者、料理人、ホールスタッフ）にとっても必要なものなのです。

この店舗コンセプトによって、お店がお客さまに提供する価値と、お店が目指すべきゴール（目標）が明確になりますし、これに基づいて、内装、商品、ホールオペレーションなど、お店のあらゆることが設計されます。

商品コンセプトを作るときは「料理の中心」を決める

商品コンセプト（ストーリー）は、商品の方向性を決めるものです。

お客さまに提供する商品を大きくカテゴリー分けをします。

たとえば、中華料理店だったら、前菜、海鮮、牛肉、豚肉、鶏肉など、焼肉店だったら、ロース、カルビ、希少部位、ホルモン、ファミリーセットなどとなります。あるいは、軽いもの、早く出せるもの、みんなでシェアできるもの、野菜もの、メイン、シメの料理、食後のデザートという分け方もできます。

これに基づいて、「お客さまに2時間の滞在時間のあいだにこういう風に楽しんでほしい、こういう順番に注文してほしい」などというストーリーを作成します。このストーリーに乗っていただくことで、お客さまはオーダーに迷わなくなります。

また、キッチンとホールのスタッフも、あらかじめストーリーに沿って動けばいいので、効率的に動けますし、お客さまの滞在時間も読めるので、回転率を上げることもできます。

商品コンセプト（ストーリー）を作る際は「料理の中心」を決めます。各カテゴリーに集客商品と利益獲得商品を1つずつ、必ず作るようにします（※集客商品、利益獲得商品については105ページを参照のこと）。

利益獲得商品とは、お客さまに価値を提供しつつも利益をしっかり確保する商品です。

中華料理店であれば、前菜、海鮮、牛肉、豚肉、鶏肉という各カテゴリーに1つずつ利益獲得商品を用意して、意図的にそれが売れるようにします。

私が商品コンセプト（ストーリー）を作るときは、お客さまに滞在時間のあいだに総皿数で何グラムを召し上がっていただくかを決めています。

大食いの人は別として、人間の胃袋の容量は600〜700グラムです。

特にコース料理を設計するときは、固形物で600〜700グラムを提供します。これより少ないと物足りなさを感じますし、多いと食べきれません。

この600〜700グラムをどれくらいの時間でどのような価値とともに提供するのかというストーリーを考えるのです。

「塩だれホルモン　満天」の集客商品と利益獲得商品

たとえば、「塩だれホルモン　満天」の「国産ホルモン」カテゴリーにおける集客商品は「名物塩だれホルモン（シマチョウ）」（280円）、同じカテゴリー内の利益獲得商品は「塩だれホルモンミックス（盛り合わせ）」（980円）と設定したとします。

「塩だれホルモンミックス（盛り合わせ）」は4種類で構成し、そのうち3種類はお店のおすすめ商品ですが、残りの1種類は用意された部位の中からお客さまにお好きなものを選んでいただきます。

売価設定は、1品あたり320円程度を4品と考えて、1280円のところを980円で提供します。原価率は30パーセント程度になりますが、ホルモン単品よりも利益額を稼げる商品としています。

お客さまは、3品と同等の価格で4品を楽しむことができるお得感の強い商品です。店からのおすすめの3品は、比較的原価の低い珍しい部位にします。お客さまは、「名前を聞いたことがない部位だけれど、食べたらおいしかった！」という体験ができます。

珍しい部位はオーダー率が低いので、これをお得なセットとして提供することで、在庫にならず鮮度の管理ができます。加えて、このような部位は仕入れ値も安くなる傾向があるので、お店は利益が確保でき、お客さまは新しい体験とお得感の両方を得られます。また、お客さまは自分の好きな部位を1種類選べるため、不満を感じることもありません。

このようにすることで、セット商品を利益獲得商品にすることが可能です。

ただし、あくまでも組み合わせる内容が魅力的なことが絶対条件です。店側の都合だけを押しつけたような低原価商品の組み合わせではお客さまにバレてしまいますし、お店への信頼も失われてしまいます。

メニューコンセプトで「売る商品／売らない商品」を明確にする

商品コンセプト（ストーリー）では料理の中心を決めましたが、**メニューコンセプトではより詳細に、どの商品に力を入れるのか、売る商品／売らない商品を明確にします。そのうえで、売るべき商品の組み合わせをスタッフ全員で共有します。**

商品コンセプト（ストーリー）では、各カテゴリーに集客商品と利益獲得商品を1つずつ作りましたが、メニューコンセプトでは利益獲得商品を売れる商品にするための仕かけを考えます。

たとえば、鮮魚居酒屋が刺身カテゴリーの中で「刺身の三種盛り」を利益獲得商品に設定したとします。ここまでが商品コンセプト（ストーリー）です。

メニューコンセプトでは、利益獲得商品「刺身の三種盛り」を売れる商品にするための戦略として、単品の刺し身、三種盛り、八種盛りの3種類をメニューに載せます。

価格帯は、単品の刺し身が1000円～（原価率25パーセント）、三種盛りが2850円（原価率25パーセント）、八種盛りが6580円（原価率23パーセント）だったとします。

利益獲得商品を売るために、それよりも安い商品と高い商品、つまり「見せメニュー」を用意するのです。「見せメニュー」は売れなくてもよい商品です。

特に、安い商品は、あえてとことんチープにします。そうすることで、お客さまに「単品よりも三種盛りのほうが割安だ」という風に思わせるのです。

高い商品（八種盛り）は、ちょっと無理すれば手が届くくらいの価格設定にします。手間がかかるぶん、利益も多めに乗せておきます。店にとっては、めったにオーダーされないが、オーダーされたときは売り上げと利益の両方が大きい商品といった位置づけです。

このように価格を設定することで、お客さまは知らぬ間にお店が売りたい利益獲得商品（三種盛り）をオーダーするように誘導されるわけです。

そして、刺身三種盛り用の三種の食材だけを大量に仕入れるようにします。さらに、プレカットしてすぐ出せるように用意しておくことで、早く提供できます。すると、そのお店ではどのテーブルにも刺身三種盛りが乗っているという状態になります。

さらに、ホールスタッフも何を売り込めばいいのかが明確になっているので、おすすめがしやすくなります。

ここで144ページの「塩だれホルモン　満天」のメニューコンセプトを思い出してください。

このお店の「見せメニュー」は豚焼肉（トントロ、豚カルビ、豚ロース、豚ハラミなど）となります。

メニューを見て「豚肉を食べるならホルモンのほうが安くていいなぁ」とお客さまに感じていただくために、ホルモンよりも圧倒的に高い480〜680円に設定します。こうすることで、ホルモンのオーダー率が高くなるように誘導します。豚焼肉には売れなくてもよい見せメニューとしての役割を果たしてもらいます。

多くのお客さまは、さらにホルモンの中でもお得感が高い「塩だれホルモンミックス（盛り合わせ）」（980円）を注文することでしょう。

先ほど「国産ホルモン」カテゴリーの集客商品は「名物塩だれホルモン（シマチョウ）」（280円）、利益獲得商品は「塩だれホルモンミックス（盛り合わせ）」（980円）と設定していましたから、狙い通りです。

味の設計図の基本的な考え方

最後に、味の設計図について簡単に解説しておきます。

建築物や機械だろうが、料理だろうが、どんな商品でも開発するにあたっては設計図が必要になります。そして、設計図に基づいて作ることが鉄則です。

たとえば、トマトソースのパスタであれば、トマトソースの設計に必要な要素は次の通りです。

□まずは、トマトソースでトマトの何を表現しますか？

（フレッシュ感？　トマトのコク？　火を通して煮込んだトマトの甘み？　うまみ？）

□ソースの濃度はどうしますか？

（ソースをかたくする？　ゆるくする？）

□ソースの量はパスタの量に対してどれくらいにしますか？

（パスタを食べ切ったときにソースがまったく残らないようにしたいのか？　残るようにわざと多くして最後はパンにつけて食べてもらうのか？）

□パスタのポーション（量）はどれくらいですか？

（最後にソースをパンにつけて食べていただくならば、パンを「おかわり自由」にして、パスタの量を80グラムに抑える、そうするとソースが皿にほとんど残らず洗い場がラクになる）

設計図に必要な要素は料理によって変わりますが、典型的なものは次の通りです。

□味の方向性……甘み、塩み、辛みをどうするか？　辛さの場合、麻婆豆腐ならば、しびれるような辛さの、（四川飯店のような）「本格四川麻婆豆腐」か。辛みを抑えた甘い（バーミヤンのような）「麻婆豆腐」か。

□フレーバー……香りは味に直結します。

□うまみ成分……イノシン酸、グルタミン酸。牛のうまみ、魚介のうまみのどれでいくのか。

□ポーション（量）……ラーメンの場合、麺の量は100グラムか、120グラムか。

□売価と原価……売価は1000円を切りたいのか、それとも1000〜1200円の間でおさめたいのか。原価率は30パーセントにしたいのか、それとも40パーセントまでかけてもいいのか。

業態によって異なる要素は次の通りです。

たとえば、海鮮居酒屋であれば、刺身に使う魚の産地、刺身盛り合わせにおける赤身と白身のバランス、貝類の有無、盛りつけ（船盛、皿盛）、そして品数などがあります。

また、ステーキ専門店であれば、国産和牛にするのか輸入肉にするのか、ソースは何種類用意するのかといったことです。

お店によっては、食後のコーヒーの味も設計します。

コーヒーは何も食べていないときに飲むのと、食後に飲むのとでは、味がまったく違って感じます。特に、肉料理を食べたあとは、舌に肉の油や炭水化物の記憶が残っています。すると、コーヒーを飲んだときに薄く感じますし、酸味が強いコーヒーだと口の中が不快になったりします。なので、肉料理のあとに出すコーヒーは、酸味は少なく、苦みが少し強めでコクがあるものを出す必要があります。

飲食店で大事なことの1つに「最後の記憶」というものがあります。最後に食した商品でお店の記憶が決まります。おいしい食事を台無しにするようなデザートとコーヒーは最悪です。その観点から検証すると、飲食業界は食後のコーヒーをもっとていねいに扱うべきです。

第3章

〈接客とスタッフ教育の「やってはいけない」〉

お客さまとスタッフの両方にとって
楽しいお店になっていますか？

法則 14

テンションが高い店長は、業績を頭打ちにしてスタッフの離職率を高めます

⊘ 経営者は、なんでも自分でやろうとする「オペレーション型店長」をスタッフを育てる「マネジメント型店長」に育てましょう。

⊘ 「スタッフの成長＝会社の成長」――きちんと社員を教育することが会社を育てる一番の武器となります。

〝お客さまと社長の前でだけ元気のいい〟店長は要注意

時おり、お客さまが来店した瞬間、大声で「いらっしゃいませー！」とお出迎えをする〝妙にテンションが高い〟店長を見かけます。

ほとんどの社長は、こういう店長のことが大好きで、「あいつは優秀だから、あいつがいれば大丈夫だよ」などと安心しています。

もちろん店長自身も「自分が率先して店を引っ張って、いいムードを作っている」と思っ

ています。しかし、たいていは「単にテンションが高いだけ」で、自動車でいえば「空ぶかし」の状態なので、遅かれ早かれ、ガス欠に陥ります（やる気がなくなる）。

こういう店長がハイテンションなのはお客さまや社長の前だけで、休憩に入ったり、営業時間が終了したとたんにぶすっとして、まったくの別人のようになることがほとんどです。最悪なのは、社長に対してだけ元気な店長です。社長が店に入って来たとたん直立不動になって「社長、おはようございます！」と大声であいさつするようなタイプです。

私がお手伝いさせていただくお店にも、時おりこの手の店長がいます。「妙にテンションが高いな」と思って、ほかのスタッフに「店長はいつもあんなに元気がいいの？　もしかして社長の前だけじゃないの？」と聞くと、「はい、私たちだけのときとは別人です」などと返ってきます。

日本の経営者の多くがモチベーションとテンションの意味を取り違えています。

まず**「モチベーションが高い」というのは、目標に向かってがんばっている状態です。「結果が出るまでは何があっても意志を貫き通すぞ」という意気込みの高さです。**

それに対して、「お客さまや社長に大声であいさつをする」というのは、単に「テンションが高い」だけです。ビジネスの目的を遂行するにあたって、テンションの高さは必要ありません。

それよりも、モチベーションが高いことが大切なのです。

飲食業におけるモチベーションとは「誠実にお客さまに向き合おう。きちんとスタッフと向き合おう。売り上げの結果をきちんと出そう。会社や社会に貢献しよう」という気持ちです。

ところが、「お客さまや社長の前ではテンションが高くなければならない」「ハイテンションでないとスタッフはついてこない」「テンションを上げて、オレがこの店を回すしかない」などと、責任感を強迫観念や切迫感にこじらせてしまっている店長が多いのです。

「オペレーション型店長」は百害あって一利なし

これには本人だけでなく、経営者のほうにも責任があります。

たとえば、社長が「お前いつも元気でいいな」とか「お前の元気がウチの店の元気なんだ」などと言ったら、店長は「いつも元気でなければならない」と思うでしょう。そしてテンションだけが高い店長が生まれてしまいます。

ハイテンションな店長の一番の問題は、「店長の役割」を間違えて認識しまっていることです。

つまり、「自分が率先して店を回さなければならない」と考える「オペレーション型店長」になっているのです。

たとえば、お店の経営状態をマネジメントするのが本来の仕事であるにもかかわらず、アルバイトと接客のスピードを競い合ってしまう人もいます。「オレのほうが早くオーダーをとってきた」「オレのほうが早く提供した」などと、いつまでも現場の一番手でいようとするのです。

さらに悪いことに、こういう店長のお店はスタッフが定着しません。

なぜなら、店長は自分が思うように動いてくれないスタッフに対してイラだち、高圧的な態度をとってしまうからです。そのうちスタッフの不満が高まり、「あの人にはついていけない」となり、辞めてしまいます。

すると、新規に採用しなければならなくなり、募集のコストがかかります。

確かに、オペレーション型店長でもお店は回るし、ある程度の数字は出るので、経営者に不満はありません。ただし、それではいつまでたっても業績が対前年比100パーセントを上回ることはありません。つまり、会社が成長しない、最悪の事態を招いてしまいます。

もちろん、店長も人間ですから、ハイテンションをいつまでも維持できるわけはありません。いつか燃え尽きてしまいます。すると、お店の売り上げは落ち込んでいきます。

満卓率を自分で下げるオペレーション型店長

ランチタイムに知人とファミリーレストランで食事をとろうとしたときに、こんなことがありました。

ライバル店のAとBが並んでいます。Aは混んでいるのに、Bは空いていました。

そこで空いているBに入りました。すると、空いている理由がすぐにわかりました。

テーブルはいくつも空席があるのに、前のお客さまが使った食器が片づけられていません。

そのためお客さまを席にご案内できません。

なぜ、そんな状態だったかというと、そこの店長が自分1人でなんでもやろうとするオペレーション型店長だったからです。

私たちに人数を聞いてきたスタッフに「3名です」と伝えても「少々お待ちください」と言ったきり帰ってこない。

しばらくたって店長が出てきて、「何名さまですか?」と聞いてくる。

店長は空席のバッシング（下膳）をしながら、私たちを席に案内します。大半のオペレーションを自分で回しながら指示を出している店長と、指示待ちをしているスタッフたちという、オペレーション型店長のいるお店の典型例です。

そのせいで、テーブルが空いているにもかかわらず、お客さまは入り口で待たされ、なかなか席に案内されません。満卓率（※）は65パーセントくらいになってしまっていました。待っている間に隣のAをのぞいてみたら、満卓率はほぼ１００パーセントです。これは完全に店長の差です。

Bは、オペレーション型店長のせいで大きな機会損失が生まれています。

※満卓率……店内の全テーブル（卓）におけるお客さまが座っている卓数の割合。たとえば、４人席に１人しか座っていない場合でも満卓とします。一方、テーブルに用意された席数に対して何人座っているかの割合は満席率。たとえば、４人席のところに１人しか座っていなかったら満席率は25パーセントとなります。

経営者は「マネジメント型店長」を育てよう

そもそも**店長の役割はスタッフを育てて戦力にすること、つまりスタッフに仕事をさせる「マネージャー」として働くことです。**

そして、経営者の役割は、店長をオペレーション型店長から人を育てる「マネジメント型店長」に変わるように指導したり、それを実現するための環境作りをすることです。

経営者は、店長に「人を育てる楽しさ」を覚えてもらいましょう。

だから、店長には「お前が自分の力だけでお店を回すのではない。いつまでも現役のワーカーでいてはいけない。仕事はスタッフにまかせて、店全体の経営を管理するマネージャーになりなさい」と伝えなければなりません。

今の時代、「スタッフの成長＝企業の成長」です。

スタッフが成長しなくては、企業は成長しません。

たとえば、何にも知らなかった／できなかったアルバイトを戦力に育て上げる教育ができれば、「あの会社はきちんと教育ができる、スタッフを成長させる」という評判が飲食業界中にすぐに知れ渡ります。

すると、それを聞きつけた優秀な人材が次々に集まってくるようになります。

実は、スタッフ教育をすることとは、結果的にリクルーティングにつながるのです。

もし、一生懸命働いているオペレーション型店長が、「スタッフの成長＝自分の喜び」というマネジメント型店長に変わると、お店の売り上げはどんどん上がるでしょう。

社員教育は会社を育てる一番の武器なのです。

法則15

もしかして「従業員を教育してもムダだ！」なんて思っていませんか？

⊘ 従業員が離職する原因の大半は「経営者の裏切り」による信頼関係の喪失です。

⊘ 経営者が「人を育てる」と決心しない限り、離職率は下がらないし、現場も変わらず、業績も伸びません。

社員教育をしないのは経営者失格です

先ほども言いましたが、経営者はオペレーション型店長をマネジメント型店長に変えなければいけません。ですが、私が店長教育の話をすると8割くらいの経営者の方が次のようなことをおっしゃいます。

「いや、どうせ教育をしても、仕事を覚えたら辞めていくよ」

「投資して優秀になったら別の店に引き抜かれるから、投資した分がムダになる」

こうした懸念はよくわかります。

「教育をしても意味がない」と考える経営者の多くは、過去に「従業員に裏切られた」経験があるからです。

しかし、話を詳しく聞いてみると、**「従業員が裏切った」のではなく、最初に「経営者が裏切った」ために信頼関係が壊れて、離職されたというケースがほとんどです。**

たとえば、皆さんにはこんな経験はありませんか。

面接のときに社長が「売り上げが上がったら、それに応じて給料を上げるからね」と言ったとします。

このときに、きちんと目標の数字を設定すればいいのですが、漠然と「売り上げが上がったら」では、数字的な根拠がないから、どんな結果になったとしても、お互いの認識にズレが生じます。

よくあるのがこんなケースです。

社長の言葉を信じた従業員ががんばって結果を出したとします。

「対前年比で１０５パーセントです。これで給料は上がりますよね？」となっても、社長が「原価率も一緒に上がっているじゃないか。原価を上げれば売り上げが上がるのは当たり前だろ」などと言い出し、昇給は反故《ほご》にされてしまいます。

すると、従業員はがっくりきてしまいますし、以後、社長やお店を信用しなくなります。やる気も落ちてしまうでしょう。

それを見た経営者も「ダメだあいつら……」と、なってしまいます。もとはと言えば、自分がまいた種なのに……。

従業員教育の前に経営者教育が必要

これまでたくさんの経営者の方にお会いしてきましたが、そもそも「従業員が何を感じていて、何を思っているか、どういうことを望んでいて、どういうお店をしたいか」ということに注意が向いていない方が多いように思います。

心のどこかで「オレが使ってやっている従業員」などと思っているから、なるべく安い給料で最大限の成果を得られるように従業員を使ってしまう。すると、従業員もイヤになって辞めていき、その結果、経営者も「社員教育なんかしてもムダ、どうせ辞めるんだから」となってしまうわけです。

教育をしないで従業員を使いまくる——これは一種のパワハラですよね。

そう考えると、実は従業員よりも先に教育を受けなければいけないのは経営者のほうです。経営者の頭の中に「人を育てる」という教育の概念がないと、いくら従業員に教育をしても現場には浸透しません。

たとえ、店長だけ教育しても、頭（社長）が変わらないと、胴体（現場スタッフ）は変わりません。

私がコンサルタントとして入ったお店で店長を教育したとしても、教育期間が終われば社長はいつもみたいに接するということがほとんどです。

私はまず経営者の方を教育して「従業員教育はムダ」という考えを改めてもらってからでないと、店長の教育はやらないことにしています。


働き方改革は、従業員だけが対象だと捉えている経営者が多くいますが、働き方改革にはもちろん経営者も含まれています。「経営者は休まないのが当り前」と捉えていると時代に取り残されるだけです。経営者も正規の休みを取るためにも社員教育は必須の課題です。

法則
16

仲よしグループとチームワークの違いはわかっていますか？

⊘ メンバー全員が「店の業績が上がる＝自分に対する評価も上がる」と共有することで強いチームワークができる。

⊘ 目標、目的を紙に書いたり、みんなの前で発表し、明確にすると、店長もスタッフも働くのが楽しくなる。

店の業績と個人の目標をリンクさせる

飲食店経営は団体競技です。

ほとんどのお店で誤解されているのが、仲よしグループとチームワークの違いです。仲よしグループでは売り上げは上がりません。ごくまれに、仲よしグループを組織しつつも、それなりに成果を出している店長もいますが、例外です。真似してはいけません。

「仲よし」はアルバイトの募集には有効です。離職率を減らす効果があります。ですが、それだけです。業績を上げて結果を出すためには、それに見合ったことをしなければいけません。**1人1人がプロ意識を持って、店全体のパフォーマンスを上げることが必要です。**

チームワークのある組織においては、個人の価値観、目的、生活、そして店の業績などがすべてリンクしています。

メンバー全員が、「店の業績が上がる＝自分に対する評価も上がる」と理解して、自分の自尊感情を高めるのです。

スタッフの自尊感情を高めるためには個々人の目的を明確にさせる必要があります。

「あなたはなんのために働いているのですか？」と問うのです。

「会社の数値目標が達成されたら自分はどんなリターンを得られるのか」を明確にします。

これが明確になっていないと、自分ごとにはならないのです。

スタッフは「成績を残すこと＝自分の目的に近づくこと」に楽しみを覚えている――これを仕組み化することが店長の本来の役割です。それができるのが先ほどお話ししたマネジメント型店長なのです（165ページ）。

目標は紙に書き、みんなの前で発表する

目的はどのように設定すればいいのでしょうか？

設定方法の1つにそれぞれが自分の目的を紙に書いて、全員の前で読み上げるといった方法があります。

月商はいくら、年商はいくら、原価率が何パーセントなどと具体的な数字の目標を設定して、「それが達成されたときに自分はどうなっていたいのか」を明確にします。

「こんな店長になりたい」「こんなホールスタッフになりたい」という自分のなりたい姿などを言葉にするのです。

もちろん、自分の生活に関することでもかまいません。業績が上がって、給料が上がったら、「もっといいマンションに引っ越しする」「新車を買う」「奥さんと旅行に行く」「子どもにプレゼントをする」といったことです。

成功している会社の中には、毎年、全員の目標と目的を紙に書いて、ロッカールームなどみんなの目につくところに貼っているというところもあります。

目標、目的がはっきりしているから、店長もスタッフも働くのが楽しくなるのです。

私は、スタッフの方々に「このお店での仕事を通して、あなたが人生で必ずプラスになる働き方や人との接し方を学ぶように」と必ずお伝えしています。

「ただ働いてお給料をもらっているだけではダメで、もっとあなたの今後の人生にとって大切なものをこの仕事を通じて獲得していってください」と必ずお伝えしています。

働くうえでの明確な目的をお伝えし、ご自身でつかみ取っていただけるようにしています。

目的意識を持つことの重要性は皆さんご存じのことと思いますが、その目的とお店の業績を結びつけることができずにいます。目標は会社側が具体的な数値で決めますが、そのことと働く方々の目的が一致しない限り、恒常的に業績を向上させることはきびしいといえます。

個人の目的とお店の業績を連動させて、共通のゴールを明確に設定することは非常に有効な成長戦略です。

私は4つの観点で目的設定をしていただきます。自分と他者に分類し、次に有形と無形に分類します。自分の有形と無形の目的、他者に対する有形と無形の目的です。自分の有形の目的は時計やスーツを買うなどにし、無形は温泉旅行に行くなどです。他者の有形は両親にプレゼントや子どもにゲームを買うなどです。無形は夫婦でデートをする、子どもたちとディズニーランドに行くなどです。これらを自分に対するご褒美にします。

特にここで設定した他者がご自分の大切な方であればあるほど人はがんばることができます。お店に成果報酬などがある場合、目的は明確なゴールとなってスタッフのモチベーションは高まります。

法則
17

いくらマニュアルを作っても、正しく運用・活用ができていなければ無意味です

⊘「マニュアル通りにやってもうまくいかない」という経験をした店長やスタッフは仕事やお客さまのことが嫌いになってしまいます。

⊘マニュアルの本来の役割は「スタッフの個性を伸ばすこと」と「行動の基準を決めること」の2つです。

「お客さまにやられちゃった」店長とは？

大手居酒屋チェーンや大手ファミレスチェーンに多いのが「お客さまにやられちゃった」店長です。

「お客さまにやられちゃった」店長とは、私の造語ですが、こんな店長のことです。

基本的に彼らは、お客さまのことを「最悪な連中」だと思って接しています。

過去に、お客さまに理不尽なクレームをつけられたり、ひどい場合は水をかけられたり、土下座を強要されたなど、ボコボコにやられてしまったトラウマを引きずっています。

個人の感覚を無視して、「この通りにやりなさい」「これだけをやればいい」という柔軟さを排除した杓子定規なマニュアルが店長を縛りつけています。実際の仕事は、マニュアル通りにやっていても、その通りにならないことは多々あります。

お客さまからは「まだかよ」と言われ、キッチンに行って「すみません、急いでください」と言うと、料理人から「今やっているよ」とどなられる。おまけにアルバイトにちょっと注意すると、ぶすっとされる。

「マニュアル通りにやってもうまくいかない」――そんな経験を積み重ねた店長は、「お客さまはクレームをつけてくる人」「アルバイトは仕事をしないのが当たり前」「会社は自分のことを理解してくれない」という被害者意識のかたまりの状態になってしまっています。

ことなかれ主義に陥っていき、「文句を言われないか」だけを警戒しながら、お客さまと無表情で接するようになります。

こんな「お客さまにやられちゃった」店長を変えるためには、まず彼らがどのような心理状態にあるのかをきちんと把握する必要があります。

某大手チェーンでは店長の上司にあたるスーパーバイザーが3Cに基づいて店長を指導しています。3Cとは、「カウンセリング（Counseling）」「コンサルティング（Consulting）」「コミュニケーション（Communication）」です。

このように店長のガス抜きができるように、会社が仕組み化するのが理想的です。

「マニュアルを読めばできるはず」では離職率は下がらない

少し前に、リクルートが全国のアルバイトをしている若い人たちを対象にアンケートを実施して「辞める理由」を調査したことがあります。

普通の感覚だったら、時給や人間関係が上位にくると思いますよね。

ところが、1位は「何も教えてくれなかった。教えてくれないのに怒られた」だったのです。ほとんどの経営者やマネージャーは、「自分たちは仕事を教えている」と思っているはずです。ところが、アルバイトのほうではそう思っていなかったのです。

なぜでしょうか？

ほとんどのお店が、基本的な作業だけをざっと説明したら、あとはマニュアルを渡して「これを読んでおいてね」で終わりだからです。店側としては「マニュアルがあるんだから、読めばできるだろう」と安易に考えがちです。

アルバイトからすれば、マニュアルに書いてあっても実際には教わっていないことばかりです。つまり店側がマニュアルを正しく運用・活用できていないのです。

確かにマニュアルがないことも問題です。マニュアルがないと店長のルールがそのままお店のルールになってしまい、店長が変わるたびにルールが変わるといったことになりますから。ちょっと話がずれますが、マニュアルがない店、つまり店長がルールを決めているとこんなことになります。

店長が交代したときに、新任の店長が前任者のやり方を変えるといったことが起こります。すると、スタッフは新しいやり方を覚えなければならないので、とまどいますし、ストレスがたまります。

また、やり方が変わることでお店の雰囲気も変わるため、それまでのお客さまが離れて行ったりします。お店にとってよいことではありません。

しかし、こういうケースは小規模なチェーンだとけっこうあります。

マニュアルはカーナビみたいなもの

マニュアルがあれば業務が安定するので経営者は安心できますが、一方で、あまり厳格に設定してしまうと、スタッフが働きにくくなったり、サービスに融通が利かなくなってお客さまにご迷惑をおかけしてしまうかもしれません。

いったいマニュアルとは、なんのためにあるのでしょうか？　皆さんは本質を理解されているでしょうか？

私の考えでは、マニュアルの役割は「スタッフの個性を伸ばすこと」と「行動の基準をきめること」の2つです。

私がクライアント先の社長やスタッフに説明するときは、**「マニュアルはカーナビみたいなものだ」**と言っています。

あらかじめカーナビに目的地を設定しておくことで、効率的なルートを通って、最短の時間で到着することができます。カーナビを使ううちに、だんだんと自分でルートを覚えてきて、裏道や抜け道などを使うようになります。

マニュアルも同様で、最初はマニュアル通りの接客しかできないかもしれませんが、経験を積み重ねていくことで独自の接客ができるまでに成長します。

私がコンサルティング先のお店のためにオペレーションマニュアルを作るときは、基準をなるべく細かく決めています。

たとえば、お客さまから「すみません」と声をかけられたときに、どうお答えするかなどです。

ほとんどのお店は「少々、お待ちください」ですよね。

しかし、私の作るマニュアルでは「はい、ただいま」です。ものすごく忙しいときは「はい」だけでもいいとしています。

なぜなら、「すみません」と発したお客さまの意図を汲むことを基準にしているからです。

このお客さまは「すみません」とは言っているものの、スタッフがほかのお客さまの対応など、別の仕事をしていることは見てわかっています。「はい、ただいま」と答えることで、お客さまは「気づいてもらえた。今の仕事が終われば、こちらに来るな」と、わかります。

私は、多くのお店で使われている「少々、お待ちください」はマニュアルに入れません。

なぜなら、スタッフにとって「少しならお客さまを待たせてもいいんだな」という免罪符を与えることになってしまうからです。

「型」を決めてあげることでスタッフが活き活きとする

マニュアルを作る際は、セリフではなく、**「お客さまの意図を汲む」**という思考の流れをマニュアル化します。この「型」を決めてあげれば、ホールスタッフは活き活きと動けますし、働けます。

たとえば、お客さまに「この料理は辛いんですか？」と聞かれたとしましょう。たいていのスタッフがネガティブに受け取って「そうですね。辛いので、あまりおすすめしません」というようなことを言ってしまいます。

ところが、「辛いのであれば、注文しない」というお客さまばかりではありません。辛い物が好きで「辛いんですか？」と興味津々で聞いてくるお客さまだってたくさんいらっしゃいます。

ですから、この場合は「辛いのはお好きですか？」と返して、お客さまの真意を問うのが正解です。

もし辛いものがお好きだということがわかれば、「辛さを増すこともできますよ」といったことをお伝えすることもできます。この対応のし方をすることで、お客さまもスタッフも気分がよくなります。

次ページに私が作るマニュアルの一部を掲載したのでご参考にしてください。

※この「マニュアルのサンプル」のワードファイルは、
最終ページに記載したURLからダウンロードできます

■マニュアルのサンプル

言葉遣い

お客様が受ける“気持ちのよいサービス”の要素は色々ありますが、おもてなしの心のこもった言葉はその第１要素です。

同じ言葉を使っても気持ちが入っていないと、お客様には伝わらないばかりか、悪印象に成る事もあります。

言葉遣いは日頃からの心掛けが大切です。

お伝えする際の、言葉の質を普段からよく考えておきましょう。

友達言葉は絶対にいけません、敬意を持ってお客様と接することは、あなたにとってあなた自身の人として価値を高める大事な要素です。あなたの価値を高めるのはあなた自身です。

お客様から大切に接して頂きたいならば、あなたから先にお客様に丁寧に接して差し上げましょう。

商品を提供した際に、「○○になります。」は禁句です。

「○○です。」と正しい日本語を使用しましょう。


大切なのはおもてなしの心を込めてハッキリと言う事です。

◎「桃園香点心舗」の基本接客用語

笑顔で元気よく大きな声で、ハッキリと言いましょう
言葉と態度のタイミング～バランスチェック３つのポイント

① 笑顔が出ているか
② 一つ一つの動作を丁寧にしているか
③【ながら動作】をしていないか

例えば、お客様に商品のご提供をするときに、食器を置きながら言葉を発することなどを【ながら動作】と言います。


同時に複数のことをしたほうが早くできると思いがちですが、動作が美しくない上に失敗をしてお客様にご迷惑をかけることになる確率が高くなります。

実は一つ一つの動作を丁寧にすることで失敗がなくなるうえに、動作も美しくなり結果としてスムーズに作業ができるようになります。

ですから、お客様の前では、一つ一つの動作を完結しながら
次の動作に入っていくことを基本とします。
実際に一つ一つの動作を完結して行っても同時に作業するときと比べ
作業時間に大差はありません。
それよりも心を伝える動作をしっかり行うことにより、
お客様へ気持ちのよいサービスをご提供することができるのです。

お客様のテーブルに商品を置く時には、一歩下がってお客様の様子を見て、「失礼します」と挨拶をしてからテーブルに近づき、商品をテーブルに提供するようにしましょう。

なぜならば、一歩下がってお客様の様子を見てから、「失礼します」と挨拶をすることで、お客様の会話の邪魔をすることなくサービスできるだけではなく、お客様が急に立ち上がるなど、お客様とのトラブルを回避することができるからです

以下の言葉は、言葉の終わりに動作をスタートすると気持ちよい挨拶になります。

いらっしゃいませ。

沢山あるお店の中から、当店にご来店頂いた事に感謝の気持ちを込めて。
お客様と最初に交わす言葉ですからとにかく明るく元気に、大きな声で。
また、この言葉で新しいお客様がご来店したことが他のスタッフにも伝わります。

ハイ。

お客様・仲間から声が掛かった時、明るく元気に大きな声で。
「ハイ」は、万能の言葉です、多用しましょう。

ありがとうございます。　かしこまりました。

お客様からご注文を頂いた時・何かを頼まれた時に、大きな声で言いましょう。

ハイ、ただ今お伺い致します。　ハイ、ただ今。　ハイ、承ります。

1分1秒でもお待ち頂くのですから、元気よく返事をしましょう。
お客様の要望を理解したことをお伝えしましょう
決して、「少々お待ちください」と、言わないこと。当店では禁句です！

お待たせいたしました。

商品の提供時に言いましょう。
商品の請求のあった場合には「大変お待たせいたしました」 と言いましょう。

失礼します。

お客様のテーブルにお伺いする時に言いましょう。
憩いの場にお邪魔するわけですから、笑顔でハッキリ声をかけましょう。
この一言で、お客様が急に立ち上がるなど、お客様との接触などを回避出来ます

恐れ入ります。

本来こちらでやらなければいけない事を、お客様にご協力頂いた時に、お客様に
感謝の気持ちを込めて、ハッキリと言いましょう。

申し訳ございません。

オーダーミス・苦情等、お客様に失礼な事をしてしまったとき。
深く頭を下げ、丁寧に心を込めて言いましょう。
頭は下げた状態で２秒ほど止めてからゆっくり上げていきます。

ありがとうございました。　又お越しくださいませ。

ご来店頂いた事に感謝し再来店を願い、心を込めて言いましょう。
頭は下げた状態で２秒ほど止めてからゆっくり上げていきます。
この言葉で、テーブルが空いたことが他のスタッフに伝わります。
お待ちいただいているお客様に、もうすぐお席に案内出来ることを伝えましょう。

最後に、かつてのクライアント先でのエピソードをお話しします。

ホールスタッフを募集したところ、若い女性から応募があり、私が面接をしました。

「先週まで大手チェーン店に勤めていたが、ある事情で辞めました」というのです。

詳しく聞くと、そのチェーン店では、開店前にスタッフ全員で「いらっしゃいませ」を大きな声で元気よく唱和することになっているそうです。

ところが、彼女は喉のつくりが人と違っているため、どうしても大きな声が出せない。

「怒られて、何回もやらされるのがイヤだったから辞めました」と言うのです。

私は「このお店では大声は出さなくてもいいですよ。お客さまを気持ちよくお迎えするのが接客の本質です。大きな声を出すことは本質ではありません。あなたはお客さまの近くに行ってやさしく『いらっしゃいませ』と言ってあげなさい」とお伝えしました。

彼女は「初めて私のことを理解してもらえた」と泣いていました。

彼女は、このお店で知り合った同僚と結婚して、今は小料理屋の女将をやっています。

お客さまをお迎えするために、どうやったらスムーズに気持ちよく接客ができるか――それがマニュアルの本質です。

大事なのは、スタッフを規制することではなく、行動の基準を決めてあげることなのです。

法則 18

お客さまが「おすすめはなんですか？」と聞く理由はわかっていますか？

⊘ きちんとおすすめをすることで、お客さまの「損したくない」「だまされたくない」「後悔したくない」を吹き消しましょう。

⊘ お客さまは、お店が思っている以上に、「もう一杯飲みたいな」「もっと食べたいな」と思っています。

おすすめは押し売りではありません

初めて入ったお店で、スタッフに「このお店のおすすめはなんですか？」と質問しても答えられない、あるいは「全部おいしいですよ」などと答えられた経験が、皆さんにもあるはずです。

おすすめ商品をおすすめすることに苦手意識を持っている従業員が多いのは事実です。

それには、まず「おすすめして、もし断られたら……」という恐怖心があります。断られたら、自分自身が否定されたように感じてしまうので、怖くておすすめができないのです（もちろん、お客さまは単に気が進まないので断っただけなのですが）。

そしてもう1つは、おすすめすることに対する嫌悪感です。

自分が別のお店に行ったときに、押し売りのようにおすすめをされてイヤだったとか、お客さまに押しつけているみたいでイヤだという気持ちが根底にあります。

ところが、お客さまの心理はどうでしょうか？

実は、お客さまはそのお店のおすすめを知りたいのです。

人間が商品やサービスを購入しようと思ったときに湧き上がるのは次の3つの感情です。

損したくない
だまされたくない
後悔したくない

お客さまは、お店に入る前だけでなく、お店に入ったあとも、「損しない」「だまされない」「後悔しない」ための証拠がほしいのです。

そのためにお店は何をすればよいのでしょうか？

簡単です。**「決して損をさせません」「だましていません」「絶対に後悔させません」とアピールして、お客さまを安心させればいいのです。**

お客さまは３つの感情を抱いているからこそ、「この店のおすすめは何ですか？」と聞くのです。お店はそれに答えて、お客さまを安心させなければなりません。それがおすすめの本質です。

「今日はこんないい魚が入りましたよ」「皆さん、この肉料理を召し上がってますよ」「こちらのセットは大変お得ですよ」などと言うことで、お客さまが素敵な体験ができる、幸せになることを保証するのです。

実は、お客さまはお店が思っている以上に、「もう一杯飲みたいな」「もっと食べたいな」と思っています。その気持ちにお応えするのが、おすすめなのです。

法則
19

マニュアルや台本を使わずにスタッフがおすすめ上手になる方法

⊘ おすすめのセールストークは、個々のスタッフに「自分の好きなもの」を「自分の言葉」ですすめるように作ってもらいましょう。

⊘ セールストークには、「ポーション」「味の方向性」「シズル感」のうち最低2つを入れるようにしましょう。

自分の気持ちを自分の言葉で伝える

「今日、初めて売り方がわかりました。こんな簡単で楽しいものだったんですね！」

これは、私のセールステクニック講座を受講した鹿児島県の定食屋さんのパートの方たちからいただいたお言葉です。彼女たちが目を輝かせて楽しそうにおすすめをした結果、このお店の売り上げはかなり増えました。

おすすめを成功させるためのシンプルな方法があります。

もちろん商品自体が心からおすすめしたい商品であることが前提ですが、私がお教えするおすすめのテクニックはマニュアルや台本などは使いません。個々のスタッフが自分でセールストークを作り出すものです。

しかも、**お店が決めた「おすすめ商品」ではなく、各人が心から紹介したいと思ったもののセールストークを作ってもらいます。**

そのためにはまずは、試食をして、自分が気に入った商品、お客さまにおすすめしたい商品を決めます。

次に、「なぜその商品をおすすめしたいのか」の理由を説明してもらいます。そのときに出る素直な感想、つまり一消費者としての感想が、そのままその人のセールストークになります。

ただし、セールストークには次の3つの要素のうち、最低でも2つを入れてもらうルールにしました。

3つの要素とは「ポーション」「味の方向性」「シズル感」です。

ポーションとは量のことです。「一口サイズ」「みんなでシェアできる」「山盛り」「メニューには3種類と書かれているけれど、実は5種類が提供される」などです。

味の方向性は、「爽やかな酸味」「しびれる辛さ」「甘さは控えめ」などです。

シズル感は「キンキンに冷えています」「鉄板でジュージュー」「外側がカリッとして中はトロっと」「フワフワしている」などです。


このうち最も大切なのが、シズル感です。

シズル感はイメージが浮かぶように伝えるのがコツです。

たとえば、「トロっ、と」だったら「何かが溶け出している」、「ジュージュー」だったら「肉汁がじわりと出てくる」絵が浮かぶといった具合です。

人間は70パーセント以上の情報を視覚から得ているといわれているので、視覚化しやすい言葉は伝わりやすくなります。

セールストークを聞いたお客さまは、それが本当かどうかを確認したくなってオーダーします。そして「本当にトロトロだ」「肉汁たっぷりだ」ということであれば、「損しなかった」「だまされなかった」「後悔しなかった」その結果、「このお店は間違いがない」となるのです。

ここで注意していただきたいのは、重要なのは単にそれっぽいセールストークを言うことではなく、スタッフが自分の気持ちを自分の言葉で伝えることです。

また、3つの要素は毎回まったく同じ言葉で説明する必要はありません。そのときの自分の感情に応じて、自然と出てくる言葉で伝えればいいのです。

おすすめするとお客さまもスタッフも楽しくなる

では、ここまでのまとめとしてセールストークの例を挙げてみます。

おすすめというよりも私の好きな料理でいいですか。私が好きなのは○○です。この前、試食したんですけど、鉄板の上でジュージューと焼かれて、外側がカリッカリで、食べると中から〝とろ～っ〟としたチーズがあふれてフワトロが楽しめます。

ナイフを入れてパカっと割るとチーズが〝とろ～っ〟と出てくるんです。みんなでシェアできるので、アルバイトの子たちに大人気で、私は大好きです！

いかがでしょうか？　思わずイメージがわいてきませんか？

店員は自分の感想を言っているだけにもかかわらず、聞かされたほうはこの料理に興味がわきますよね。

ここでのポイントは、おすすめしているのではなく、料理のお披露目なので、売り込み臭が一切ありません。だから、お客さまはワクワクするのです。

ワクワクさせたあとに、「いかがですか、ご注文なさいますか？」とお客さまの判断にゆだねるクロージングをかける。

この場合、お客さまがオーダーしてくれなくてもOKです。なぜなら、スタッフは自分の大好きなものを表現できて、その会話をお客さまと一緒に楽しめたのですから。それで十分なのです。

オーダーをする／しないは、お客さまにおまかせすればいいのです。

むしろ、そのほうが興味を持っていただけるし、すすめられたというプレッシャーもないので、気軽にオーダーしていただけることが多いのです。

このセールストークができるようになったスタッフは、「おすすめするのが楽しくて仕方ない」という状態になります。

第4章

〈集客の「やってはいけない」〉

値下げや広告ではなく「高い価値」を提供すればお客さまは集まります

法則20

思いつきの「値下げ」は「売り上げが伸びる」どころか客足が遠のきます

⊘ いきなり値下げをすると、お客さまは「値下げの理由」を探しはじめて、最悪の場合はお店に対する不信感を持つことがあります。

⊘ 安易に値下げするのではなく、商品、アクション、セールストークなどを工夫することで高付加価値を演出しましょう。

お客さまは「値下げの理由」を探す

値下げをすると売り上げが伸びる——そういう時代がありました。

40年くらい前は、お客さまがたくさんいましたから、値下げをすると確かに売り上げが伸びました。

今でも、「値下げをすれば客数が増える、売り上げが伸びる」と思っている経営者はたくさんいます。しかし、はっきり言って幻想です。

数年前、あるフランチャイズのお好み焼きチェーンが売価を3割下げたことがあります。そうしたら、売り上げが伸びるどころか、ほとんどの店舗が赤字に転落してしまいました。

消費者心理を考えれば当然のことです。つまり、3割も下げたとなると、お客さまは「今までどれだけ儲けていたんだ！」「下げた分、食材の質が落ちたか、量が減ったはずだ」など疑心暗鬼になります。その結果、客足は遠のきます。

また、かなり前のことですが、牛丼チェーン数社が値下げ競争を繰り広げたことがありましたよね。このとき、値下げのニュースを聞いた消費者が言い出したのは「肉の量が減った」「コメの質が下がった」「ごはんの盛りが少なくなった」……、つまり「安さには何かウラがあるのではないか」と客離れが起きてしまいました。

実際に肉の量やコメの質に変化があったのかは、わかりません。

しかし、**いきなり値下げをすると、お客さまは「値下げの理由」を探しはじめるというのは事実です。**

飲食業のセオリーでは、「価格を10パーセント下げると、客数は12パーセント増えて、利益はトントン」といわれています。

このとき現場で何が起きているのかというと、客数が増えた分だけスタッフの作業量が増えます。するとスタッフが疲弊してしまい、お客さまに十分なおもてなしができなくなってしまいます。しかも、客数の増加が予定していた12パーセントを下回ると、利益はトントンではなく減ることになります。

つまり、悪循環におちいってしまいます。

それにもかかわらず、値下げをして客数を増やそう、利益を確保しようとする愚かな経営があとを絶ちません。

お客さまがシビアになるのはお金ではなく価値

今や、超大手の飲食店チェーンですら、値下げはほとんどしていません。せいぜい短期間のフェアくらいです。それだって、大資本だからこそできる〝お祭り〟みたいなものです。

ですから、中小企業や個人店は絶対に値下げはしてはいけません。

値下げをしたがるお店の経営者の頭の中には「このへんの客は、これくらいしかお金を使わない。客のふところ具合に合わせて値下げしたほうが客数が増えるだろう」という、誤った思い込みがあります。

そうではありません。

お客さまは「あそこはお金を使わなくていい店」「ここはお金を使う店」と、お店を使い分けています。

仮に、「このへんの客はこれくらいしかお金を使わない」などと、お客さまを愚弄していると、あなたのお店は「あそこはお金を使わなくていい店」とみなされることになります。

飲食店経営者は、よく「お客さまはお金にシビアだ」と言いますが、間違いです。お客さまがシビアになっているのはお金ではなく、価値に対してなのです。

もし、**あなたのお店にいらしたお客さまが「あまりお金を使ってくださらない」というのであれば、それはお客さまが納得するだけの価値を提供できていないということなのです。**

今どきのお客さまは、価値を感じれば相応のお金を支払いますし、再来店してくださいます。

低コストで高い付加価値を演出する具体例

今の時代は、お客さまに高い価値（高付加価値商品）を提供しないといけません。

とはいえ、価値の高い商品を提供しようとすると、当然原価がかかってしまいます。

そこで、限られた予算内で、お客さまに高付加価値を感じていただくための〝工夫〟が必要になってきます。

価値の高め方には、商品、アクション、セールストークなどいくつかの手法が考えられます。たとえば、商品では、「和牛を使っている」「エビが大きい」「厚切りベーコンが乗っている」などスペシャルな特徴を加える。あるいは、盛りつけは「天に盛る（高さを強調する）」「面で盛る（平面的に大きく見せる）」など、見せ方を工夫するのが一般的です。

具体例をご紹介しましょう

私はクライアントに、高付加価値商品としてシーザーサラダを提案することがよくあります。まず、大前提としてコストを抑えるために、1つの商品に使う食材の種類を絞ってもらいます。

シーザーサラダであれば、基本的には、使用する野菜はロメインレタスとサニーレタスの2種類に絞ります。赤や黄色のピーマン、プチトマトなどは入れません。なぜなら原価率がはね上がるからです。

2種類のレタスを山盛りにして、サラダボウルの底にシーザーサラダドレッシングを入れて、黒コショウを振っておきます。お客さまのテーブルに置いてから、目の前でイタリア産のパルメザンとフランス産のロックフォールなどをチーズ・クレーターで削るのです。

山盛りレタスのボリュームとチーズを削るアクションから大きな価値が生まれます。

おすすめのセールストークは次のような内容です。

一番のおすすめはシーザーサラダです。

当店のシーザーサラダはもうすごい大盛りで、サラダボウルの直径がなんと30センチもあって、その上に、お客さまが「ストップ」と言うまでチーズをタップリとかけます。しかもチーズは2種類、イタリア産のパルメザンとフランス産のロックフォール、どちらもうまみと香りの強いチーズです。

このようにすることで、少ない種類の食材（低コスト）で、高付加価値を演出できます。

実際に、このシーザーサラダはほとんどのお店で人気商品になっています。

安易に値下げするのではなく、工夫することで高付加価値を演出し、お客さまを集めるようにしましょう。

法則21

アルコールドリンク（生ビール以外）をきちんと売らないお店は儲かりません

⊘ フードとドリンクを合わせた「交差原価」をにらみながら、販売戦略（何で利益を確保するか）を練りましょう。
⊘ 料理とアルコールドリンクをお得感のあるセット商品にすることで、追加オーダーを引き出しましょう。

生ビールよりも、ハイボール、サワー類を売る

飲食業において、業績を左右する大事な要素がアルコールドリンクの販売です。

うどん屋、そば屋、牛丼屋のような炭水化物系の業態は別ですが、居酒屋など夜間営業がメインのお店ではアルコールドリンクで一定の利益を確保する必要があります。

というのも、アルコールドリンクは原価率が低いからです。

第2章でも言いましたが、生ビール以外の原価率は8～20%です。生ビールは1杯あたりの原価が180～190円くらいと高めになっています。最近では、生ビールの値下げ競争が進んだ結果、生ビールの原価率（※）が40～50パーセントというお店が増えています。ですから、生ビール以外のアルコールドリンクを売ることを考えましょう。

※原価率……原価率は「原価÷販売価格」で算出する。一方、「利益÷販売価格」で算出するのが利益率。

最近は、世代によって1杯目のオーダーが生ビールかそれ以外（ハイボール、サワー類など）かがはっきりと分かれるようになりました。生ビールは中高年、それ以外は若い人といった構図です。

お店としては、ハイボール、サワー類は原価率が低く、利益率が高いのでありがたいのですが、最近は若い人たちはあまりたくさん飲まないのが悩みの種です。

生ビールをオーダーする中高年世代のお客さまには、ビールの味に対するこだわりを持っている人が多いので、プレミアム感を出して、高付加価値商品に転換することで利益率を上げることが可能です。うまく転換できれば利益率が向上するので、ビール離れの時代を生き抜けるでしょう。

飲食業の経営における原価計算では、フードとドリンクを合わせた「交差原価」を見ます。

交差原価において「アルコールドリンクをたくさん売る」という戦略であれば、フードの原価率を多少高くしても、全体の原価率を抑え、利益を確保できます。

このような価格戦略を意識的にやっているかどうかは非常に重要です。何も考えずに、集客につながるからと、漫然とアルコールドリンクを安くしているお店は早晩失敗するでしょう。

第2章の商品開発でお話ししたように、フードメニューの鉄則は「ご飯が食べたくなるか、お酒を飲みたくなるか」です。特にお酒の場合、提供される料理によってお客さまに求められるお酒の種類は変わってきます。

この視点を踏まえ、商品構成を考えます。

そして、お客さまがメニューブックを開いたら、まずドリンクから選んでいただく流れにします。また、料理もお酒が飲みたくなる商品構成にしておきます。

アルコールドリンクの販売戦略の具体例

ここでは、かつて私が経営していた中華料理店でやっていたアルコールドリンクの販売戦略をご紹介しましょう。

このお店では、生ビールと餃子をセット商品にしていました。どちらもオーダー率が高い商品です。

セット商品にしたうえで、さらにオーダー率を上げるための施策を打ち出しました。

単品でそれぞれ550円の生ビール、580円の餃子、200円のお通しをセットにして1000円ぽっきりです。

これが本当に「1000円ぽっきり」で終わってしまったらたいして利益が出ませんが、お客さまが生ビールをもう一杯オーダーすることを前提にした「損して得とれ」の呼び水商品とすることで、利益をがっちり確保するようにしたのです。

どのようにしたのかと言いますと、餃子を焼くのに時間がかかるということはお客さまも知っています。

まずは、オーダーを受けたら、生ビールとお通しをお出しします。

お客さまはお通しをつまみ、生ビールを飲みながら、餃子を待つことになります。

そして、お客さまがビールを口にしてから餃子を焼くシステムにしました。私の店の餃子は前もって蒸し器で蒸していますから、実際は3分で焼き上がるシステムになっています。ビールが残りあと少しというタイミングで、アツアツの餃子をご提供するシステムにしました。

そうなれば、ほとんどのお客さまが「生ビールのおかわり」となりますよね。

1つの商品の注文で必ずビールが2杯獲得できるシステムとして、交差原価率を下げるようにしました。

そのあとタイミングを見はからって、「試飲はいかかですか？」と、甕《かめ》出しの紹興酒をご提供します。

もしお客さまに気に入っていただけたら、1杯300円の紹興酒が5杯分入ったデキャンタを1200円で提供したのです。

また、紹興酒のおかわりはデキャンタで注文がされますので、また1200円の売り上げが確保できます。最初にデキャンタを1回提供することで、追加注文も高額商品を獲得できる仕組みにしました。

このように徹底してお客さまに喜んでいただきお店も利益を獲得する仕組みを取り入れましょう。重要なことは「損して得とれ」の精神で先にお客さまに価値を提供することです。

もともとおいしい紹興酒だったということもあり、飛ぶように売れました。

ところで、この紹興酒の原価ですが、実は1杯40円でした。まさに、「金のなる木」ならぬ、「金になる紹興酒」だったのです。

法則 22

「みんなに好かれるお店」を目指すと「誰にとっても魅力のないお店」になります

⊘ 今や「なんでもあり」＝「いつでも、どこでも、誰にでも」は時代遅れ。「今だけ、ここだけ、あなただけ」の希少性で勝負しましょう。

⊘ 仕入れた食材がムダにならないようにメニュー構成を組み立てることで経営効率を上げましょう。

お客さまにとって「なんでもあり」は魅力的ではない

お客さまの要望を次から次へと取り入れて、メニューの商品構成を更新していくうちに、いつの間にか「なんでもあり」のお店（要は、コンセプトが明確でないお店）になってしまっていた、ということがよくあります。

「なんでもあり」のお店は、結果的に特徴が「なんにもない」お店になり、お客さまにとっ

ても「なんの魅力もない」お店になってしまいます。

「なんでもあり」＝「いつでも、どこでも、誰にでも」は、百貨店が流行っていた時代であれば価値があったでしょう。ところが、今は専門店の時代です。特に小売業界は、特定の分野に特化したインターネット店舗が登場し、リアル店舗がどんどん減っている状況です。

あなたのお店も何かの専門店になる必要があります。

とはいえ、いきなり業態変更は難しいでしょうから、今のお店のまま、他店と差別化できて、お客さまを引きつける「希少性」を持ったメニューを用意してはいかがでしょうか。

希少性には数（例：1日10食限定）、売価（例：高級食材が信じられないほど安い）など、さまざまな要素がありますが、わかりやすくいえば「今だけ、ここだけ、あなただけ」といった限定性を設定することです。

前の章でも言いましたが、お客さまは「損したくない」「後悔したくない」と思っています。その心理を逆手にとって「今これを体験しないと損をしますよ、絶対に後悔しますよ」と思わせるのです。

「今だけ、ここだけ、あなただけ」「期間限定」「店舗限定」「数量限定」などという言葉にお客さまは弱いのです。

「品切れ」を恐れず、仕入れコストを節約する

「なんでもあり」のお店は、集客だけでなく、経営効率の面においても不利です。「なんでもあり」は、メニューに載せる品数も多くなり、そのぶん必要な食材の種類も増えます。また、いつでも「なんでもあり」の状態をキープしたいので、めったにオーダーされない料理の食材もストックしておこうとします。こうした食材の存在がコストを圧迫し、利益率を下げます。

このような「なんでもあり」のお店でなくても、メニューの品数が多い店はオーダー数の少ない食材であっても、「もしかしたらオーダーされるかもしれない」と思って、ストックしておこうとする傾向があります。

しかし、その食材を仕入れて、ストックしておくことが、コストを圧迫するというのであれば、しばらく「品切れ」にするとか、メニューから外すことも検討すべきではないでしょうか。

そうすることで、コストを抑えたり、浮いたお金をオーダー数の多い別のメニューの食材の仕入れに当てることができます。

お客さまのニーズがあまりない商品の提供にこだわって、みすみす儲けを逃すような機会

損失（チャンスロス）は避けるべきです。

仮にオーダーされたとしても、「申しわけございません。品切れしております」と言って、別の商品をおすすめすればいいだけです。


ビジネスである以上は、そもそも仕入れた食材がムダにならないようにメニュー構成を組み立てるとか、なんらかの工夫をするべきです。

たとえば、居酒屋の「刺身○点盛り」は、食材をムダにしないための工夫の典型的な例です。「○点盛り」としておけば、「今日仕入れた旬の魚から○点チョイスしますよ」という意味合いになります。もちろん、マグロなどの人気商品は入っている必要はありますが、そこに余りそうな商品を紛れ込ませることができます。第2章で紹介した「塩だれホルモン　満天」の盛り合わせと似たような発想です。

おまけに、お客さまに「今日仕入れた旬の魚」というメッセージを伝えることは、このコーナーの最初のほうで紹介した希少性、つまり「今だけ、ここだけ、あなただけ」と言っているのと同じことなのです。

法則
23

新規にオープンしたお店に最初からお客さまを集めてしまうと大変なことになります

⊘ スタッフが新しいお店のホールオペレーションに慣れていない段階でたくさん集客すると、かえって悪い印象が残ってしまいます。

⊘ スタッフのオペレーションがこなれるまでは、すべてのメニューを出さない試運転の状態で営業して、機が熟すのを待ちましょう。

最初からお客さまを集めることのデメリット

新規の出店は、経営者はもちろん、店長やスタッフにとっても大きなイベントです。わくわくすると同時に、「果たしてお客さまにいらしていただけるだろうか?」「お店は繁盛するだろうか?」など、さまざまな不安が頭を横切ります。

多くのお店が幸先のいいスタートを切ろうと、新聞の折り込みチラシやポスティングなどさまざまな広告手段を駆使して、周辺地域に開店を告知します。そして、オープン当日、広告を見たお客さまがお店の前に並んでくださいました……と、ここまでで、安心してしまう経営者の方がたくさんいます。

実は、**オープン当初にお客さまがたくさんいらっしゃることは、お店にとってあまりよいことではありません。それどころか、あとあとのことを考えると、むしろデメリットのほうが大きいとさえ言えます。**

お客さまが来店してくださったことで、当面の売り上げは確保できるでしょう。しかし、スタッフが新しいお店のオペレーションに慣れていない段階で、たくさんのお客さまがいらしたときにどうなるのか、考えていただきたいのです。

たとえばオープン当日、4人用テーブルが20卓（全80席）のお店に、70人のお客さまが入って満卓になったとします。つまり、一気に70本のオーダーが入ります。

果たして、不慣れな状態のスタッフがこれをさばききれるでしょうか？

適正な提供時間内（たとえば、フードなら12分程度）に、すべてのお客さまに商品を提供できるでしょうか？

無理ですよね？　明らかにキャパシティを超えています。

きちんと提供できないことで、お客さまにダメなところをお見せすることになってしまい、結果「あの店は遅い」という印象を植えつけてしまいます。そして、そういうネガティブな評判ほど広まるのが早かったりします。

レセプションをうまく活用しよう

私は、オープン時に大々的な集客をすることはおすすめしません。ただし、混乱を回避するための方法が1つだけあります。

正式にオープンする前に予行演習としてレセプションを開催するのです。

経営者の方が日頃懇意にしている方を中心にお声がけして、表向きは「皆さまのおかげでオープンできました」という感謝の宴にします。しかし、本当の狙いは、いっぺんに満卓・満席になった状態（＝パニック状態）をスタッフに体験してもらうことです。

スタッフに、あちこちから「すいませーん」という声がかかるという目が回りそうな忙しさを体験してもらうことを裏の目的にします。レセプションの翌日に反省会を必ず開催して、オペレーションの問題点をレセプションの参加者全員に挙げてもらい、それを正式なオープンまでにみんなで話し合って修正するのです。

私がクライアントのレセプションをお手伝いするときは、来場者の皆さまにアンケートをお願いしています。「身内だからこその、きびしくも温かいお言葉でお気づきの点をお書きください」とお願いします。

それを経営者とスタッフ全員が共有して、今後に活かすようにします。

このほか新規出店に関してアドバイスするとしたら、オープン当初のしばらくの間は、すべてのメニューを出さずに、オープン記念特別メニューだけで営業することをおすすめします。そのときに一番売りたいもの、一番自信があるものを提供して、お店のコンセプトの芯の部分、つまり「当店は、こんなお店です」といったことだけをアピールするのです。

そしてオペレーションがこなれてきたら、いよいよ大々的に集客を仕かけて本来の戦略的営業を開始します。そうすることで、厨房のスタッフも仕込み作業も段取りよくできるようになり、ホールスタッフもパニックになることのないソフトランディングができます。何よりもお客さまに負担をおかけすることなく、ご迷惑となることを回避でき、口コミサイトによい感想を書かれやすくなります。

法則24

集客コンサルタントによる〝一時的な〟売り上げの伸びに頼ってはいけません

⊘ 一時的に集客を増やしても、それに対応できるだけの準備ができていないと、結果的にお客さまの足は遠のいてしまいます。

⊘ 経営者が考えるべきことは、「お客さまを集める」ではなく、「お客さまが集まる」お店を作ることです。

一時的な大量集客はお店にダメージを与える

さまざまな業界に「集客コンサルタント」という人たちがいます。インターネットやチラシなどを駆使して、お客さまを集めることが得意な人たちです。もちろん、飲食店業界にもそういう人たちがいます。

彼らに頼むことで、売り上げが落ち込んでいるお店でも、一時的に集客することは可能です。彼らの施策を採用すれば2~3週間は、好調な状態が続くでしょう。

ただし、一時的にお客さまが増えても、そのあとはどうでしょうか?

継続的にお客さまにいらしていただく施策、きちんと利益を確保する施策はできているのでしょうか?

あるいは、集客コンサルタントのおかげでお客さまがたくさんいらしても、それに対応できるだけのキャパシティ(食材の仕込みやホールオペレーションなど)は用意できているのでしょうか?

もし、用意できていないとしたら、せっかくいらしたお客さまは不快に思われるでしょう。今だったら、口コミサイトに「長時間待たされた」「大した料理ではなかった」「店員の対応が最悪だった」などと書き込まれてしまうでしょう。集客したことがかえってあだになってしまいます。

すると、結局、客足は遠のき、売り上げは元通りに下がってしまいます。

集客コンサルタントに頼るお店の多くは、一時的に集客を増やしてもその状態を維持できないため、定期的に集客コンサルタントが提案する販促施策を打たなければならなくなります。

儲かっているのは、お店ではなく、集客コンサルタントです。

「集める」ではなく「集まる」お店作りを

お店の経営者がやるべきことは、一時的にたくさんのお客さまを集めることではなく、お客さまに嫌われないで継続的にご来店いただくことです。それが長く商売を続ける秘訣です。**極端な話、お客さまに好かれたり、愛される必要はありません。飲食店は、極端な話、お客さまに好かれなくてもいいのですが、嫌われてはダメなビジネスです。**

それにもかかわらず、多くの経営者が集客コンサルタントに頼ってお客さまを集めるものの、きちんと対応できずに嫌われるということを繰り返しています。

本来、経営者が考えるべきことは、「お客さまを集める」ではなく、「お客さまが集まる」お店を作ることなのです。

集客に悩んだときは、集客コンサルタントの甘い誘いや、誰が投稿したかわからないネットの口コミやインスタ映えなどに惑わされるのではなく、そもそも「自分のお店はどんなお客さまにどのようにご利用いただくのか」という軸の部分を見直しましょう。

そしてメニューやオペレーションを地道に修正しつづけることで、「お客さまが集まる店」に変えていくようにしましょう。

法則 25

自分のお店の前に行列ができたら、「渋滞店」になっている可能性が大！

⊘ 世の中の行列店といわれるお店のほとんどは、実は、オペレーションの効率の悪い単なる「渋滞店」。

⊘ 利益を上げたいのであれば、提供時間を少しでも短くできないか、料理法やオペレーションなどをいろいろ考えてみましょう。

行列のできるパスタ店、その理由は……

以前あるクライアントから、「自分の家の近所に行列のできるパスタ店がある。そのパスタ店の真似をできないか」というご相談を受けたことがありました。

そのお店を見に行くと、確かに行列ができていました。

しかし、しばらく観察したところ、それは行列ではなく、単なる「渋滞」だったのです。

そのお店は、パスタを提供するのに平均12分もかかっていました。

私の経験上、パスタのゆで時間は平均で6分です。6個のパスタボイラーを時間差で使うことで5~6分ごとに商品を提供できるはずです。それにもかかわらず、このお店では12分に1回、6人前が提供されるという状態になっていました。おそらく厨房にムダに人が多くて、作業が仕組み化されていないせいで提供に時間がかかっているのでしょう。

もし提供までに12分かかるのであれば、12分に1回、6人前では、1時間で30食しか提供できません。31番目のお客さまがパスタにありつけるのはなんと1時間後です。

それほど広くないお店で、単に料理の提供時間が遅いために起きた渋滞です。

適正な提供時間を守れていますか?

実は、世の中の行列店といわれるお店のほとんどが、オペレーションの効率の悪い単なる「渋滞店」です。

そもそも行列店というのは、お客さまがきちんと回転しているお店のことです。

お店が想定したお客さまの滞在時間（提供時間と消費時間）を上回るほど、お客さまがいらしてしまい、仕方なくお店の外に並ばざるを得ない——これが本当の行列店です。この場合、お店はきちんと提供時間を守っています。

それに対して、渋滞店はオペレーションの効率が悪いせいで提供に時間がかかっているだけです。たとえば、高速道路の料金所みたいなものです。今はETCが普及して、かなり改善されましたが、それでも料金所の前でスピードをゆるめるために、前後が渋滞になりがちです。これと同じです。渋滞店であっても、たまたまそれなりにおいしかったりすると、口コミやインターネットへの投稿で有名になり、お客さまが押し寄せます。すると、さらに行列は伸びます。

しかし、渋滞店にはあまり儲からないという欠点があります。

なぜなら、提供時間が遅いせいで回転率が下がり、トータルの利用客数に限りがあるからです。もちろん売り上げも頭打ちです。

行列店はお客さまをきちんと回転させているため、行列をこなしきりますし、工夫次第でさらに売り上げを伸ばすことも可能です。

たとえば、料理時間を30秒でも1分でも減らすことができれば、さらにお客さまを増やすことができます。もちろん、このことは行列店以外のお店にも当てはまります。**利益を上げたいのであれば、提供時間を少しでも短くできないかといろいろ考えてみるといいでしょう。**

もしご自分のお店に行列ができても手放しで喜ばず、本当に行列なのか、それとも単なる渋滞なのかをきちんと見極めていただきたいと思います。

最後にこれから起業する方々にお伝えしたいことがあります。

飲食業で成功するためにはビジネスとしての観点を今以上に強く持つことをおすすめします。今までは雇用者として店舗オペレーションだけを考えていたと思います。しかし、起業した瞬間に経営者となり、すべての責任が起業家であるあなたのもとにやってきます。裏を返せばそれまでの決められてきた人生から「自分で決める人生」に変換されたということです。そのことを強く意識して強い起業家になってください。

この本でお伝えしたことは、皆さんにとって非常識なことがたくさんあったと思いますが、実は飲食業は非常にロジカルなビジネスです。今まで感覚的に行ってきたことを分析していくとロジカルになります。

ですから恐れずにチャレンジしてください。最もやってはいけないことは、失敗を恐れて行動しないことです。行動を起こして壁にぶつかりクリアするとそれは乗り越えるべきテーマだったと理解できます。

成功は行動の先にしかありません。行動を止めるとそこで初めて失敗という名札がつきます。ですから何があっても行動している限り、失敗はあり得ません。あなたの未来には成功が約束されています。私はそう信じています。

おわりに——あなたは、起業家としてのゴールをどこに設定していますか？

この本を終わりまでお読みいただいたあなたに、心から深く感謝いたします。

あなたも失敗しない経営で繁盛店を目指す思いを新たにしていただけたらうれしいです。

ひょっとして、自分は成功するかもしれない、2店舗目、3店舗目を目指そうなどと「野望」を持たれた方もいるかもしれません。ただ、野望ではないのです。

できれば多くの方に考えていただきたいのが、多店舗展開です。

というのも、新規オープンまでは本当に怒涛の日々を過ごし、オープンと同時に新たな大変さはやってきますが、オープン後はほぼルーティン業務となっていきますので、どこか気がゆるみます。脳は途端に怠けグセを発揮して、意識と注意が途切れてしまい、目の前のお店に対する集中度合いが低下してしまいます。

新規オープン後の燃えつき症候群です。

とくに、誰からも干渉されない1人起業の場合はこの傾向が強いです。複数人で起業する場合も、誰かが燃え尽きると途端にパワーバランスが崩れて、チームはあらぬ方向に行ってしまう場合があります。

ですから、緊張感を維持するため、事業の発展性と継続性を常に意識するためにも、「多店舗展開をする」と強くマインドセットしてから起業することをおすすめします。

多店舗展開、それは、起業が通過点になるということです。

多店舗展開を当初より計画に入れておくことで、具体的にオープン日より何年かあとに2店舗目、それから1年後には3店舗目と考えていると、1店舗目のオープン日はこれから始まる事業展開の開始日にすぎないものとなるのです。

また、起業を計画した時点から、事業展開を大きく見通すことは、1店舗目の業績を効果的に向上させる力があります。というのも、多店舗展開を意識すると、業態を展開型にする必要に行きつくからです。1店舗目は自分がお店に立つので、自分の裁量でその場で即断即決できますが、2店舗目を出店するとなるとあらゆることをフォーマット化する必要に迫られます。具体的には、メニュー管理と食材管理、人件費コントロールと連動したシフト管理、販管費などのコストコントロールを強く意識した、仕組み作りに着手することになります。そのことが1店舗目から効率のよい店舗運営を可能とさせるのです。

さらに、多店舗展開を成功させる場合には、より多くの方を幸せにするといった正しく高い意図を持つことが重要になってきます。幸せにしたいと思う対象者は、スタッフの方々とそのご家族、すべての取引業者、そして出店する地域のお客さまが含まれます。そのことを実現するために、社内体制を構築することが必要になります。1店舗目から仕組みを構築していくことが、成功を引き寄せるのです。

どうか多店舗展開を計画に入れて、幸せな方々をより多く輩出してください。

あなたの次につながる人を多く輩出する意図を持って、希望を持って起業なさってください。

最後になりましたが、出版まで長い時間お付き合いいただき、遅い時間にもかかわらず、励ましと、ご指導と、気づきをたくさんご提供してくださった編集をご担当いただいた、株式会社MXエンジニアリングの貝瀬裕一さま、構成をご担当いただいた松井克明さま、そして出版の機会を授けてくださった株式会社MXエンジニアリングの湊洋一社長に深く感謝申し上げます。すべては湊社長との出会いから始まりました。

そして、6歳の頃、幼かった私に起業を導いてくれた、亡くなってしまった母に心から感謝します。

2020年2月

須田光彦@宇宙一外食産業が好きな男

須田光彦（すだ みつひこ）
飲食店特化型コンサルタント
飲食店の価値創造と向上に強いフードビジネスバリューデザイナー
クレドマネジメント株式会社代表取締役社長

1962年、北海道生まれ。16歳で飲食店をプロデュースすることを志し、ビジネスモデルを考えつき18歳で上京。あらゆる飲食業の業種・業態に実際に従事し、業態ごとのノウハウを体得。設計事務所を経て28歳で独立するが、46歳で倒産・破産・離婚を経験し49歳で再起業する。
これまでコロワイド、レインズインターナショナル、はなまるうどんなど、手がけてきた案件数は500件を超えており、若い起業家のサポートから年商2000億円を超える上場企業まで、食にかかわる業態ならどのような業態でもこなす。自らの成功と挫折の経験を踏まえた視点から独自のサポートを行っている。2013年より『有吉ゼミ』（日本テレビ系列）の人気コーナー「芸能人の心配な店」にも出演、歯に衣着せぬ語り口で、芸能人が経営する心配な店の「1年以内に倒産する確率」を診断している。

ホームページ　http://www.credo-management.com

絶対にやってはいけない飲食店の法則25

2020年４月１日　初版発行
2024年４月11日　４刷発行

著　者　須田光彦

発行者　太田 宏

発行所　フォレスト出版株式会社
〒162-0824　東京都新宿区揚場町2-18　白宝ビル7F
電話　03-5229-5750（営業）
　　　03-5229-5757（編集）
URL　http://www.forestpub.co.jp

印刷・製本　日経印刷株式会社

©Mitsuhiko Suda 2020
ISBN978-4-86680-074-5　Printed in Japan
乱丁・落丁本はお取り替えいたします。

あなたのお店を繁盛店にする武器

特別無料

プレゼント

著者・須田光彦さんより

本書で紹介した「繁盛店を作る」ためのツールを無料でプレゼントします。

○特典1　ABC分析シート（エクセル形式）

120 ～ 121ページに掲載した「ABC分析シート」です。これを使うことで、集客商品、利益獲得商品、およびその予備軍となる商品を発見することができます。メニュー戦略を立てるうえでの必須ツールです。

○特典2　接客マニュアルのサンプル（ワード形式）

182 ～ 183ページに掲載した「接客マニュアルのサンプル」です。「お客さまの意図を汲む」ことをテーマにしています。ホールスタッフの方に実践していただくことで、お店の好感度は抜群に高まります。

特別プレゼントはこちらから無料ダウンロードできます↓

http://frstp.jp/suda

※特別プレゼントは Web 上で公開するものであり、小冊子・DVD などをお送りするものではありません。

※上記無料プレゼントのご提供は予告なく終了となる場合がございます。あらかじめご了承ください。

フォレスト出版